Sophie Lange

Alt-Eifeler Küche

Spezialitäten – Traditionen – Frauenwirken

Band I: Kochen

Helios

Illustrationen: Annette Müllender, Eupen

Impressum

Postfach 39 01 12, 52039 Aachen
Tel.: (02 41) 55 54 26; Fax: (02 41) 55 84 93
Bitte fordern Sie beim Verlag aktuelle Informationen
zu lieferbaren Titeln an.

Printed in Belgium

ISBN 3-925087-55-9

Inhaltsverzeichnis

Eintopfgerichte: „Dörjeneen“ und „Teertich“

Aufläufe, mal pikant, mal süß

Vorwort

Wie sah die Küche unserer Vorfahren aus? Was kochte die Hausfrau am eigenen Herd, der ihr ganzer Stolz war? Schon bei diesen Fragen drängen sich Küchenbilder auf: Der blitzeblank gescheuerte große Kohle-Messingherd, ganze Schwaden von Dunstwolken, bunt gemischte Kochgerüche, Kessel- und Tellergerassel, ein emsiges Hin und Her und schließlich ein großer Familientisch, an dem die ganze Familie und oftmals noch das Gesinde sich zum gemeinsamen Mahl einfand – Tischgemeinschaft, die wir heute wieder herbeisehnen.

Das Essen in den dampfenden Schüsseln war oftmals einfach, was aber längst nicht bedeutet, daß es nicht schmackhaft und bekömmlich war. Es ist erstaunlich, welche Vielfalt der Zubereitungsmöglichkeiten die Frauen kannten und wieviel Abwechslung sie in den Kochalltag brachten, obwohl die Auswahl der Nahrungsmittel im Vergleich zu heute äußerst beschränkt war. Meist standen nur diejenigen Zutaten zur Verfügung, die Hof und Garten gerade bereit hielten. Zugekauft wurde nur das Notwendigste.

Die Abhängigkeit von der Witterung und von dem Wachstum der Früchte bescherte den Eifelern manche Not- und Hungerjahre. Andererseits überlebten sie als Selbstversorger viel eher allgemeine Notzeiten, in denen die Versorgung der Bevölkerung zusammenbrach. Man denke nur an die beiden Weltkriege und die harten Nachkriegsjahre, in denen die Menschen in den Städten bitteren Hunger litten, während man auf dem Land noch einigermaßen satt wurde.

Heute steht eine bunte Palette von Nahrungsmitteln zu allen Jahreszeiten zur Verfügung. Internationale Küche und Fastfood-Gerichte bestimmen den Eßalltag. Es wächst jedoch der Appetit auf deftige Hausmannskost, auf eine einfache Brotsuppe, wie unsere Großmütter sie kochten, auf ein sättigendes Eintopfgericht, auf einen Kartoffeltopfkuchen, auf eine Schweinebauchroulade, auf Eifeler Knudelen oder auf Buchweizenpfannkuchen. Die Alt-Eifeler Küche bietet da eine große Auswahl. Im Norden und Süden, im Westen und

Osten dieser Region kennt man sowohl unterschiedliche als auch gleiche Rezepte. Manche Gerichte können als typische Eifelspezialität bezeichnet werden, andere sind aus anderen Gebieten – wohl über Haushaltsschulen – in die Eifel gekommen. Durch Mädchen, die als Hausgehilfinnen in herrschaftlichen Haushalten dienten, kamen auch städtische Rezepte in die Eifel.

Die Kochanleitungen sollen zum Ausprobieren einladen. Die jeweiligen Anmerkungen reflektieren das Leben in der Eifel und durchleuchten besonders die Möglichkeiten und Grenzen der Frauen. Es wird klar, daß die Frauen und Mütter stets bemüht waren, für die Familie etwas Schmackhaftes auf den Tisch zu bringen und eine angenehme „Häuslichkeit" für alle zu schaffen. Obwohl von ihr Gehorsam, Demut und Unterwerfung verlangt wurde, verstand sie es, die Herrin im Haus zu sein und ihren Mann zu stehen. Die Charakterisierung einer Eifler „Urahnin" des vorigen Jahrhunderts (1804-1864) trifft den Nagel auf den Kopf: „Sie war eine Bäuerin der guten alten Art, stolz und demütig zugleich, fromm und lebenstüchtig, ein wenig verträumt, doch auch genügend kühn und energisch."

Die eingestreuten alten Küchenweisheiten und die dichterischen Ergüsse sollen den Kochrezepten eine besondere Würze geben. Auf Messingschildern, Holzbrettchen, Schüsseln und Tellern waren solche Sprüche festgehalten, schmückten die Küche und ermahnten die Frauen zu Fleiß und Besonnenheit. Auch diese Verse, die uns manchmal schmunzeln lassen, spiegeln das Leben der Frauen in Küche und Haus wider. Inwieweit die ehemaligen Ratschläge und Maßregelungen noch heute durch die Küchen geistern, mag jede LeserIN selbst herausfinden.

Ich bedanke mich bei allen, die mir mit Rezepten, privaten Aufzeichnungen, Büchern, Berichten und Hinweisen geholfen haben.

(Die Rezepte gelten in der Regel für 4 Personen.)

Nettersheim, im September 1994

Sophie Lange

Suppen als Vorspeise und Hauptgericht

Als die Menschen seßhaft wurden und Getreide anbauten, wurden Brot oder Fladen das Hauptnahrungsmittel. Ein Übergewicht von minderwertigem Korn beim Getreideanbau führte dazu, daß man Gerste, Hafer und Hirse zu Suppen verarbeitete, die dadurch eine zentrale Rolle bei der Ernährung gewannen. Getreide wurde von nun an nicht nur im Feuer gebacken, sondern mit Wasser in einem großen Kessel, der über der Feuerstelle hin, weich gekocht. Geschmack bekam die Suppe durch Kräuter, die sich zu speziellen Suppenkräutern entwickelten. Später reicherte man die wohltuende heiße Speise durch Gemüse, besonders durch Hülsenfrüchte, und durch Fleisch an. Suppe und Brot waren lange Zeit hindurch das tägliche Einerlei für unsere Vorfahren. Erst allmählich wurde die „dicke" Suppe zur dünnen Suppe, die bis vor Jahrzehnten als Vorgeschmack und Appetitanreger unbedingt zu jeder Mahlzeit gehörte: „Bei Abspannung nach anstrengender Arbeit und bei ermatteten Nerven soll die Suppe belebend wirken und die zur wirksamen Ausnutzung der Speisen erforderliche Eßlust anregen."

An Sonn- und Festtagen fehlte die Fleischsuppe bei keinem Mittagsmahl; besonders beliebt war die Rindfleischsuppe. Markklößchen oder Eierstich erhöhten den sonntäglichen Genuß. An Wochentagen wurde mittags meist eine Gemüsesuppe gereicht. Wo geschlachtet wurde, hingen in der Räucherkammer Schinkenknochen, die bei einer Gemüsesuppe für einen kräftigen Fleischgeschmack sorgten. Waren die Knochen ausgegangen, mußten diese gekauft werden. Im Haushaltsunterricht vor 100 Jahren wurden den angehenden Hausfrauen folgende Sparmaßnahmen beim Kauf von Suppenknochen empfohlen: „Den Wert der Markknochen, um kräftige Suppen zu erhalten, weiß jede Köchin zu schätzen;

wenn die Metzger sich aber bis 20 Pf. für das Pfund Knochen von Rindfleisch zahlen lassen, dann sind sie für eine Hausfrau in dürftigen Verhältnissen zu teuer. Frische Schweineknochen hingegen kosten per Pfund höchstens 4 Pf. und wenn sie ausgekocht sind und wieder verkauft werden, bekommt man noch 2 Pf. für's Pfund."

Gemüsesuppen

Gemüsesuppen waren in der Eifel sehr beliebt. Das nötige Gemüse und die zugehörigen Suppenkräuter wuchsen früher in jedem Eifelgarten. Inzwischen sind viele Menschen auf dem Land in dieser Beziehung längst Städter geworden, die ihr Gemüse kaufen, entweder auf Märkten vom Selbsterzeuger oder in Supermärkten. Dort gibt es zu jeder Jahreszeit frisches Gemüse in großer Auswahl, wovon die Menschen einst nur träumen konnten. Im Bauerngarten wuchsen auch unterschiedliche Suppenkräuter: Bohnenkraut, Dill, Kümmel, Majoran, Petersilie, Schnittlauch u.a. Als Zutaten nahm man jedoch nicht nur Gemüse aus dem Garten, sondern erntete auch das, was an Wiesenrändern zu finden war, so z.B. Brennesseln und Sauerampfer.

Als Maß rechnet man im allgemeinen bei einer Vorsuppe 1/4 l Flüssigkeit pro Person, also 1 l für 4 Personen, für die die Rezepte in der Regel gelten. Hinzu nimmt man noch etwas Flüssigkeit für das Verdampfen. Etwas mehr Suppe als gewöhnlich soll man bei kaltem Wetter einplanen, denn dann wird zum Aufwärmen gern ein zweiter Teller Suppe genommen.

War die Kasse leer,
mußte ein billiges Süppchen her!

Eifelsuppe

1 l Wasser,
125 g Butter,
Salz, Muskat,
Weiß- oder Schwarzbrot,
2 Eigelb

Kochanweisung von 1857 (Trierisches Kochbuch): Man kocht ein Liter Wasser mit 125 Gramm Butter mit Salz und Muskat, thut dann dick geschnittenes Weißbrot oder auch Schwarzbrot hinein, läßt es durchkochen und rührt zum Anrichten noch zwei Eigelb hinein.

Dieses alte Rezept zeigt, daß man in der Eifel recht üppig mit Fett umging. Da die Menschen sehr schwere körperliche Arbeiten verrichteten, schadete ihnen dies wenig.

Grüne Suppe

1 Schinkenknochen oder sonstiges Geräuchertes,
ca. 500-600 g Gemüse quer durch den Garten: Möhren, Kohlrabi, Blumenkohl, Sellerie, Erbsen, Zwiebel, Petersilie, Kresse usw.,
1 1/4 l Wasser,
ein Stich Butter

Geräuchertes gar kochen. Das Gemüse putzen, grob zerkleinern und mit der Brühe des Geräucherten in einem fest verschlossenen Topf knapp weichdünsten. Nicht salzen! Das Gemüse mit einem Passierstab pürieren oder durch ein Sieb streichen. Mit feingehackten frischen Kräutern und einem Stich Butter abschmecken.

Im Flachland wurde zu Gründonnerstag eine „Grön Zupp" gekocht, wozu die ersten Suppenkräuter aus dem Garten geerntet wurden. Die Kräuter sollten einer symbolischen Zahl entsprechen, entweder der Sieben als Zahl der Vollendung und der Fülle oder der Neun, dem Dreifachen der heiligen Zahl Drei, als Sinnbild der höchsten Vollkommenheit. In der Eifel gab es in der Regel vor Ostern noch nichts zu ernten, so daß die erste Frühlingssuppe dort erst später auf den Tisch kam.

Brennesselsuppe

3 Eßl. Butter,
1 Zwiebel,
1 kleine Stange Porree,
200 g Brennesseln,
1 1/2 l Fleischbrühe,
1 Eßl. Stärkemehl,
Salz, Schnittlauch,
Weißbrotwürfel

In Butter die Zwiebel und das Porree andünsten und mit den frisch gepflückten (mit Handschuhen) und gut gewaschenen Brennesselblättern in die Brühe geben und 20 Minuten leicht kochen lassen. Die Suppe mit dem angerührten Stärkemehl binden. Mit Salz (je nach Kräftigkeit der Fleischbrühe) abschmekken, mit gehacktem Schnittlauch bestreuen und mit in Butter gerösteten Brotwürfeln servieren.

Die Heilige und Heilerin Hildegard von Bingen (1098 – 1179) schrieb über die Brennessel: „In keiner Weise nützt es, daß sie roh gegessen wird, wegen ihrer Rauheit. Aber wenn sie frisch aus der Erde sprießt, ist sie gekocht nützlich für die Speisen des Menschen, weil sie den Magen reinigt und den Schleim aus ihm wegnimmt. Und dies macht jede Art der Brennessel."

Sauerampfersuppe

20 g Fett,
100-150 g Sauerampfer, 30 g Mehl,
1 l Hühnerbrühe,
Salz, Muskat, Pfeffer,
Eigelb, Sahne

In dem Fett den in feinen Streifen geschnittenen Sauerampfer (etwas zurücklassen) dünsten, das Mehl dazurühren und mit der Hühnerbrühe nach und nach auffüllen. 5 Minuten leicht kochen lassen. Mit Salz, Muskat und Pfeffer abschmecken. Eigelb und Sahne miteinander verquirlen, zur Suppe geben und umrühren, nicht mehr kochen lassen. Den Rest des Sauerampfers darüberstreuen und servieren.

Man trifft den Sauerampfer fast überall in Wiesen an. Für Speisezwecke werden die jungen Blätter und Stengel verwendet, die vor der Blüte gesammelt werden. Der Sauerampfer hat blutreinigende Wirkung. Er kann für viele Gerichte genutzt werden, sollte jedoch nicht zu häufig gegessen werden.
Nach dem gleichen Rezept läßt sich eine Suppe aus Kerbel (200 g) oder aus verschiedenen Wildkräutern herstellen.

Sauerampfersuppe mit Hühnerklein

500 g Hühnerklein,
1 1/4 l Wasser, Salz,
1 Bund Suppengrün,
150 g Kartoffeln,
50 g Schalotten,
100 g Sauerampfer,
Butter,
100 g Crème fraîche
2 Eigelb, Pfeffer,
2 Scheiben Toastbrot

Hühnerklein mit 1 1/4 l Wasser, Salz und gewaschenem, grob zerteiltem Suppengrün zum Kochen bringen, zwischendurch abschäumen. Etwa 45 Minuten sieden lassen. Die Kartoffeln waschen, schälen, nochmals waschen und würfeln. Die Schalotten pellen und fein würfeln. Den Sauerampfer waschen, abtropfen lassen und grob hacken. 25 g Butter zerlassen, die Schalottenwürfel darin andünsten, den vorbereiteten Sauerampfer kurz mitdünsten. Dann die Kartoffelwürfel und 3/4 l von der durchgesiebten Hühnerbrühe zugeben. 20 Minuten kochen lassen, danach mit dem Pürierstab zerkleinern oder durch ein Sieb rühren und zu dem Hühnerklein geben. Die Suppe mit ca. 50 g Butter, Crème fraîche und Eigelb verfeinern, mit Salz und Pfeffer abschmecken, nicht mehr kochen lassen. Toastscheiben entrinden, in Würfel schneiden und diese in Butter goldbraun braten, separat zur Suppe reichen.

Kürbissuppe

1 Gartenkürbis (500-750 g),
1 l Wasser, 1 Zwiebel,
40 g Fett, 40 g Mehl,
Maggi, Muskat,
Rahm, Wein

Einen ausgereiften Gartenkürbis teilen, schälen, die Kerne herausnehmen, das Weiche ausschaben, den Kürbis in Würfel schneiden und in ca. 30 Minuten weichkochen. Die Zwiebel in Fett anbraten und mit dem Mehl und etwas Wasser eine helle Mehlschwitze herstellen. Die durchpassierte Kürbismasse dazugeben, mit Maggi und Muskat würzen und mit Rahm und Wein verfeinern.

Der Kürbis hat im rheinischen Flachland den Namen Prunkapfel. Im Bergland wuchs eher der Flaschenkürbis, de Fläscheappel. Wie alt der Kürbis im Gebiet zwischen Eifel und Rhein ist, zeigen Abbildungen auf römischen Matronen-Weihesteinen aus dem 2. Jahrhundert n. Chr., die mit Kürbissen geschmückt sind.
Kürbiskerne wurden als Heilmittel gegen den Bandwurm eingesetzt. Das alte Rezept lautet: „Man mahle 150 bis 400 Gramm ungeschälte Kürbiskerne in einer Kaffeemühle oder stampfe sie und rühre dieses Mehl mit Milch oder Wasser zu einem Brei, den man morgens nüchtern in zwei Portionen ißt. Zwei Stunden später nehme man ein Abführmittel."
Nach diesem Rezept erhielt der gemeine Bandwurm den Namen Kürbiskernbandwurm.

Wenn Du von Deinem Garten
willst edle Frucht erwarten,
so mußt Du Bäume hegen
und gut die Scholle pflegen.

Spargelsuppe auf Eifeler Art

*250 g Suppenspargel,
1 l Fleischbrühe, Salz,
40 g Butter, 40 g Mehl,
1-2 Eidotter,
Zitronensaft,
Petersilie*

Der Spargel wird gewaschen, klein geschnitten und in 1/4 l kochendes, gesalzenes Wasser oder in Fleischbrühe gegeben und in ca. 30 Minuten gar gekocht. Aus Butter und Mehl macht man eine helle Mehlschwitze, füllt sie mit dem Spargelwasser und der restlichen Wassermenge auf und gibt die Spargelstückchen hinein. Man kann die Spargelsuppe mit einem Stückchen Butter verfeinern, mit 1-2 Eigelb legieren, mit etwas Zitronensaft abschmecken und mit gehackter Petersilie bestreuen.

Ein aus dem Jahre 1880 übermittelter „Aberglauben" aus dem Kreis Euskirchen sagt folgendes über die Petersilie: „Wer Petersilie versetzt, gräbt seinen besten Freund in die Erde, d. h. dem muß der beste Freund bald sterben."

Sauerkrautsuppe

*200 g Sauerkraut,
1 Lorbeerblatt,
6 Wacholderbeeren,
1 1/2 l klare Brühe,
1 Zwiebel,
2 rohe Kartoffeln,
1 Möhre, 1 Apfel,
1 Tomate,
2 Eßl. Schinkenwürfel,
40 g Schmalz,
Salz, Pfeffer*

Das Sauerkraut klein schneiden und mit dem Lorbeerblatt und den Wacholderbeeren in der Brühe 20 Minuten vorkochen. Inzwischen Zwiebel, Kartoffeln, Möhre und Apfel schälen, in Würfel schneiden und mit der Tomate und den Schinkenwürfeln in Schmalz anbraten. Mit Salz und Pfeffer würzen, in die Suppe geben und 10 Minuten mitkochen lassen. Lorbeerblatt und Wacholderbeeren herausfischen. Evtl. die Suppe leicht stampfen.

Die Aachener bezeichnen diese Sauerkrautsuppe als einen „Seelen- und Magentröster nach feucht-fröhlichen Abenden".

Grieß-Gemüsesuppe

30 g Fett,
Suppengemüse,
40 g Hartgrieß,
1 l Flüssigkeit,
Salz, Muskat,
Petersilie

In Margarine oder Butter röstet man das fein geschnittene Suppengemüse und den Grieß goldgelb an, füllt unter ständigem Rühren mit einem Teil des Wassers auf und läßt die Suppe unter Beifügung der gesamten Flüssigkeit 25 Minuten kochen. Salzen, mit Muskat abschmecken und mit gehackter Petersilie bestreuen.

Diese Suppe läßt sich auch mit Haferflocken (3 Eßl.) und Kartoffeln (250 g) zubereiten.

Grünkern-Sellerie-Suppe

60 g Grünkernmehl,
20 g Butter,
1 1/4 l Fleischbrühe,
1/2 Sellerieknolle,
Salz, Pfeffer, Muskat,
1 Eigelb, 2 Eßl. Sahne

Das Grünkernmehl in der heißen Butter bräunen, die heiße Brühe hinzugießen und 10 Minuten auf milder Hitze sieden lassen. Sellerie putzen und in feine Stifte schneiden, dann in die Suppe geben und in 20-30 Minuten garen. Die Grünkernsuppe mit Salz, Pfeffer und Muskat abschmecken. Das Eigelb in der Sahne verquirlen und die Suppe vor dem Servieren damit verfeinern.

Grünkern ist das halbreif geerntete, gedörrte Korn des Dinkelweizens, der früher häufig in der Eifel angebaut wurde und inzwischen wieder vereinzelt zu finden ist. Grünkernmehl ist in Reformhäusern erhältlich.

Spinat-Mehlsuppe

40 g Butter,
200 g Spinat,
60 g Mehl,
1 1/4 l Brühe,
1 kleine Zwiebel,
1 Stück Sellerie,
Salz, Muskat,
2 Eßlöffel Rahm,
Schnittlauch

In der heißen Butter wird der gewaschene und kleingeschnittene Spinat gedünstet. Das Mehl läßt man kurz durchschwitzen, füllt dann unter ständigem Rühren nach und nach mit der Brühe (Fleisch- oder Gemüsebrühe) auf und läßt die Suppe 10 Minuten kochen. Zwiebel und Sellerie werden in die Suppe gerieben, die man nochmals einige Minuten kochen läßt. Muskat und Rahm unterrühren und mit Schnittlauch anrichten.

Als Beigabe eignen sich kleingewürfelte Fleischreste, Scheiben hartgekochter Eier, geröstete Schwarzbrotwürfelchen oder eine Schwarzbrotscheibe mit Butter.

Zwiebelsuppe

2 große Zwiebeln,
1 Eßl. Butter,
100 g Schwarzbrot,
1 l Brühe,
Salz, Muskat, Pfeffer,
Petersilie

Die Zwiebeln werden geschält, kleinwürflig geschnitten und in Butter hellgelb geröstet. Das Schwarzbrot wird in kleinen Stücken dazugegeben und kurz angeröstet. Dann mit der Brühe auffüllen und das Brot weichkochen. Mit Salz, Muskat und wenig Pfeffer abschmecken und mit kleingehackter Petersilie bestreuen.

Einst erhielt derjenige, der beim Zwiebelschälen empfindlich reagierte und heiße Tränen vergoß, in der Eifel folgenden Rat: „Soll das Auge die Zwiebel vertragen können, so tut man gut, vorher einen lieben Menschen zu küssen!" Ausprobieren! Wenn es nicht hilft, so schadet es zumindest nicht.

Fleischsuppen

Kräftige Fleischsuppen waren den Sonn- und Feiertagen vorbehalten. Die reichlich bemessene Suppe aus frischem „grünem“ Rindfleisch gehörte fast in allen Familien zum sonntäglichen Mittagessen. War das Rindfleisch knapp oder zu teuer, so gab es eine Markknochensuppe aus Markknochen ohne Fleisch. Zu abendlichen Festtafeln wurde Ochsenschwanzsuppe gereicht. Die Hühnersuppe war und ist eine beliebte Vorspeise an besonderen Festtagen. Fleisch- oder Speckreste bereicherten die Werktagssuppen. Von einer fetten Mittagssuppe, die die „guten Dorfmütter“ kochten, erwartete man, daß man davon bis zum Abend gesättigt war. Eine Fleischsuppe mit Kuchenbrocken, die 1910 noch zur Kirmes beliebt war, entspricht wohl nicht mehr unserem heutigen Geschmack. Bei der Hausschlachtung gab es gerne eine Wurstsuppe, „Wueschbröh“. Geplatzte Würste wurden zu einer Suppe verarbeitet, die mit einer rohen, geriebenen Kartoffel angedickt wurde.

Rindfleischsuppe

500 g Rinder-Suppenfleisch,
500 g Knochen mit 1-2 Markknochen,
2 l Wasser,
1/2 Teel. Salz,
30 g Suppengemüse: Lauch, Sellerie, Möhre,
einige Röschen Blumenkohl,
50 g Suppennudeln,
Muskat, Petersilie

Die Kochanweisung lautete vor 100 Jahren wie folgt: Fleisch und Knochen kurz abwaschen. Um eine kräftige Suppe zu erhalten, wird das Suppenfleisch mit kaltem Wasser aufgesetzt; legt man mehr Wert auf ein saftiges Stück Fleisch für das Mittagessen, so soll das Fleisch in kochendes Wasser gegeben werden. Sobald das Wasser kocht, schiebt man den Topf an die Seite des Herdfeuers, damit die Suppe nur noch leise siedet. Das Fleisch soll ganz mit Wasser bedeckt sein, verdampftes Wasser muß durch heißes

Wasser ersetzt werden. Salz erst nach einer Stunde Kochzeit beifügen. Wenn das Fleisch nach etwa 2 Stunden gar ist, dieses und die Knochen herausnehmen und die Brühe durch ein Haarsieb geben und wieder zum Kochen aufsetzen. Das Suppengemüse gründlich waschen, klein schneiden und zu der Brühe geben. Äußerst sparsam mit Suppengemüse umgehen, schließlich wollen wir eine Fleisch- und keine Gemüsesuppe servieren. Die Suppennudeln in die Suppe geben. Das Ganze noch 20 Minuten kochen lassen und mit Muskat abschmekken. Petersilie wird in fein gewiegtem Zustand zum Schluß hinzugegeben und darf nicht mitkochen.

Tip aus alter Zeit: Die Farbe der Fleischbrühe soll goldgelb sein. Fettlos geröstete Spargelfäden, Erbsenschoten oder Zwiebeln dienen als Farbmittel.

Ochsenschwanzsuppe

1 Bund Suppengrün,
etwas Fett,
500 g Ochsenschwanz,
1 1/2 l Fleischbrühe,
Salz, 1 Lorbeerblatt,
6-8 Pfefferkörner,
etwas Weißwein

Suppengrün waschen, kleinschneiden und in Fett andünsten, Ochsenschwanzstücke hinzufügen und 10 Minuten mitdünsten. Die Fleischbrühe nach und nach zugießen. Gewürze hinzufügen und die Suppe 2 Stunden langsam kochen lassen. Mit wenig Wein abschmecken. Fleisch aus dem Kochtopf nehmen und die Suppe durch ein Sieb gießen. Das Fleisch klein schneiden, in die Suppenterrine legen und die Suppe darüber anrichten.

Zur Kirmes erstanden in alter Zeit manchmal mehrere Bauern gemeinsam ein „Kirmesbiest", einen Ochsen oder zumindest ein Öchslein. Oftmals wurde ein solches Öchslein auch selbst für das große Dorffest gemästet. So konnte man den Kirmesgästen nicht nur reichlich Fleisch anbieten, sondern abends auch eine kräftige Ochsenschwanzsuppe servieren.

Hühnersuppe

1 Suppenhuhn,
2 1/2 l Wasser,
1 Zweig Thymian,
1 Teel. Salz,
etwas Suppengrün,
einige Spargelstücke,
Petersilie

Das ausgenommene und gewaschene Huhn wird mit kaltem Wasser aufgesetzt. Man fügt den gereinigten Magen und das Herz hinzu (Hühnerleber aber erst kurz vor dem Ende der Garzeit mitkochen). Nun legt man den Thymianzweig in die Suppe und würzt mit Salz und fügt das Suppengrün und die Spargelstücke hinzu. Es darf nur wenig Suppengrün zugesetzt werden, um den feinen Fleischgeschmack nicht zu beeinträchtigen. In 2 Stunden muß das Huhn langsam gar kochen. Das Hühnerfleisch kann man kleingeschnitten in die Suppe geben oder zu Frikassee verwenden. Die Suppe mit feingeschnittener Petersilie bestreuen.

Früher waren es ausschließlich alte, ausgediente Hennen, die in den Suppentopf wanderten; heute macht zartes Hühnerfleisch die Suppe milder. Hühnersuppe war seit altersher als „Krankensüppchen" beliebt (s. Heilsuppen).

Brotsuppe mit Rauchfleisch

1 kleine Zwiebel,
Speck- oder Fleischreste,
40 g Schweineschmalz,
100 g Weiß- oder Graubrot,
1 Prise Kümmel,
1 1/2 l leichte Brühe,
Salz, Muskat,
Schnittlauch oder Petersilie

Die Zwiebel in feine Ringe schneiden und mit dem in kleine Würfel geschnittenen Fleisch in Schweineschmalz hellbraun anrösten. Weiß- und Graubrotstükke sowie den Kümmel dazugeben und ein wenig mitrösten lassen. Das Ganze mit der Brühe auffüllen und unter Rühren gut durchkochen lassen. Mit wenig Salz (Rauchspeck und Brot enthalten bereits Salz) und Muskat abschmekken und mit Schnittlauch oder Petersilie bestreuen.

Tip: Als Resteverwertung nicht nur in Notzeiten zu empfehlen!

Sobald am Feuer steht der Topf,
schlag alles and're aus dem Kopf.
Hüte Dich vor Rauch und vor Brand
und salze alles mit Verstand!

Suppeneinlagen

Zu der Rindfleischsuppe an Sonn- und Feiertagen gehörte eine leckere Suppeneinlage. Eierstich und Markklößchen waren bevorzugte Favoriten. An einfachen Tagen gab es zu einfachen Gemüse- oder Fleischsuppen auch einfache Einlagen: Schwemm- und Käseklößchen sowie Eiereinlauf. In Butter geröstete Brotreste dienten sowohl bei Fleisch- als bei Gemüsesuppen als Beigabe. Schneeklöße waren bei Obstsuppen beliebt.

Eierstich

2 Eier,
1/8 l Milch
(oder halb Brühe, halb Milch),
Salz, Muskat,
Petersilie,
Schnittlauch,
feingewiegter Schinken

Eier, Milch, eine Prise Salz und eine Prise Muskat verrühren oder quirlen, aber nicht schlagen, um Lochbildung im Eierstich zu verhüten. Die Masse in ein gebuttertes Gefäß füllen und zugedeckt im Wasserbad ca. 20 Minuten stocken lassen. Der Eierstich wird teelöffelweise abgestochen und zu der Suppe gegeben. Man kann ihn mit Petersilie, Schnittlauch und feingewiegtem Schinken ergänzen.

Markklößchen

2 Markknochen, 1 Ei,
Salz, Muskat,
80 g Paniermehl

Mit einer Gabel löst man das Mark aus den Knochen und läßt es vorsichtig in einer Pfanne aus. Das Fett wird durchgesiebt und schaumig gerührt. Nachdem es abgekühlt ist, werden nacheinander das Ei, eine Prise Salz und wenig Muskat hinzugegeben. Nun fügt man soviel Paniermehl zu der Masse, bis sie nicht mehr klebt. Den Teig eine halbe Stunde stehen lassen, bevor Klößchen daraus geformt werden. Die Markklößchen gibt man in die fertige Suppe und läßt sie 5-10 Minuten ziehen.

Tip aus alter Zeit: Paniermehl durch Grießmehl oder ein geriebenes altes Brötchen ersetzen.

Schwemmklößchen

1/8 l Milch oder Brühe,
30 g Butter, Salz,
60 g Weizenmehl,
1 Ei, Muskat

Die Flüssigkeit bringt man mit Butter und Salz zum Kochen, gibt das Mehl in die kochende Flüssigkeit und rührt den Teig so lange, bis er sich vom Topfboden löst. Zu diesem Kloß fügt man das Ei hinzu und schmeckt den Teig mit Muskat ab. Mit 2 nassen Teelöffeln sticht man von dem Teig Klößchen ab, gibt sie in die kochende Brühe und läßt sie in 10 Minuten garziehen. Sobald sie gar sind, schwimmen sie oben.

Käseklößchen

1 Brötchen,
30 g Butter,
50 g geriebenen Käse,
1 Ei, Salz, Muskat

Das Brötchen in warmem Wasser einweichen und gut ausdrücken. Die Butter schmelzen und mit geriebenem Käse, Eigelb, Salz und Muskat verrühren. Brötchen und das zu Schnee geschlagene Eiweiß untermengen und längliche Klößchen formen. Diese in der fertigen, nicht mehr kochenden Fleisch- oder Gemüsesuppe einige Minuten ziehen lassen.

Eiereinlauf

50 g Mehl, 2 Eier,
2 Eßl. Milch oder Brühe,
Salz, Muskat

Die Zutaten zu einem glatten Teig verarbeiten und tropfenweise durch einen Schaumlöffel in die kochende Brühe laufen lassen. Grobflockigen Eiereinlauf bekommt man, wenn man die Eiermasse über eine Gabel in die Suppe einlaufen läßt.

Schneeklößchen für Obstsuppen

2 Eiweiß,
2 Eßl. Zucker,
Zimt oder Vanillezucker

Die Eiweiß von frischen Eiern werden zu steifem Schnee geschlagen, mit dem Zucker vermischt und nochmals 5 Minuten weitergeschlagen. Man sticht mit einem Löffel Klöße ab, die man auf die heiße, aber nicht mehr kochende Suppe legt. Im zugedeckten Topf oder in der Terrine werden die Klöße in 5 Minuten gar. Sie werden mit Zucker und Zimt oder mit Vanillinzucker bestreut.

Heute geht das Schlagen von Eiweiß mit einem Mixer sehr schnell und einfach. Früher wurde das Eiweiß mit der Gabel in einem Teller steif geschlagen. War es in der Küche zu warm, so ging man nach draußen, wo es in der frischen Eifelluft etwas schneller ging. Diese Arbeit konnten auch schon die Kinder übernehmen. Die Dauer des Schlagens war „einige Vaterunser“ lang.

Milch- und Buttermilchsuppen

Abends kamen häufig Milch- und Buttermilchsuppen auf den Familientisch. Danach folgte als Stärkung nach einem harten Arbeitstag ein warmes Essen, oftmals mit Bratkartoffeln, Eiern sowie Gemüse oder Salat. Neben der Vollmilchsuppe war die Buttermilchsuppe beliebt. Da früher in jedem Haus, zu dem eine große oder kleine Landwirtschaft gehörte, selbst Butter hergestellt wurde, war Buttermilch stets genug vorhanden und wurde beim Kochen vielfach verwendet.

Krümel-Milchsuppe

4 Eßl. Mehl, 1 Ei, 1 Eßl. Zucker, Salz, 1 l Milch

Mehl, Ei, Zucker und Salz mit einer Gabel verkneten, bis kleine „Knübbelchen" entstehen. Die Milch aufkochen, die Krümel zugeben und bei ständigem Rühren einige Minuten kochen lassen.

Diese Milchsuppe aß man in manchen Familien stark gesüßt an jedem Abend. Nach einem heißen Tag auf dem Feld wurde sie kalt gegessen. Unsere Vorfahren mischten die Zutaten mit den Händen und rieben sie zu Krümeln. Die Speise hatte unterschiedliche volkstümliche Namen: Knübbelchessuppe, Knibbelsuppe, Knüddelches Brei u.a.

Die Arbeit ist das Glück der Unglücklichen.

Milchsuppe mit Buchweizengrütze

100 g Buchweizengrütze, 2 l Milch, Zucker, Zimt

Die Buchweizengrütze wird mit Wasser abgespült. Milch zum Kochen bringen und die Grütze einlaufen lassen. 15 bis 20 Minuten quellen lassen. Mit Zucker und Zimt bestreuen und servieren.

Buchweizen war zu Anfang dieses Jahrhunderts ein häufig angebautes Getreide in der Eifel. Adam Wrede schrieb darüber in seiner 'Eifeler Volkskunde': „Zeitweise half in der Eifel Buchweizen der Brotsorge ab und wurde volkstümliches Nahrungsmittel, als Suppengrütze, leicht verdaulich und kräftig, alles in allem eine gesunde Nahrung."

Grießsuppe

1 l Milch,
45 g Grieß,
1-2 Eßl. Rosinen,
2 Eßl. Zucker, Salz,
Vanillezucker

Milchtopf mit Wasser ausspülen, Milch einfüllen, zum Kochen bringen und den Grieß (gut 3 Eßl.) langsam einstreuen. Rosinen gut waschen und in die kochende Grießsuppe geben, mit Zucker und einer Prise Salz würzen. Den Vanillezukker nicht mitkochen lassen, sondern erst zum Schluß einrühren. Die Kochzeit beträgt bei feinem Grieß 8 Minuten, bei grobem Grieß 15 Minuten.

Statt Grießmehl nehme man Milchreis, Haferflocken oder Sago.

Falsche Schokoladensuppe

50 g Mehl,
10 g Kakao,
1 l Milch,
30-40 g Zucker, Salz,
1 Päckchen Vanille-zucker

Das Mehl wird trocken in der Pfanne geröstet, bis es braun ist. Ist es abgekühlt, rührt man es mit Kakao und einem Teil der Milch glatt. Die Milch zum Kochen bringen, das Mehl-Kakaogemisch hinzugeben und quellen lassen. Mit Zucker, Salz und Vanillezucker abschmecken.

Im Gegensatz zur „falschen" Schokoladensuppe kocht man die „echte" Schokoladensuppe mit Bruchschokolade.

Brotsuppe mit Rosinen

250 g Brotreste (Weiß-, Grau-, Schwarzbrot),
1 l Flüssigkeit (halb Milch, halb Wasser),
2 Eßl. Rosinen,
Anis, Fenchel,
Salz, Zucker,
Vanillezucker

Die Brotreste in kleine Stücke brechen und mit der Flüssigkeit einige Stunden einweichen. Die Masse erhitzen, die gewaschenen und eingeweichten Rosinen und die Gewürze hinzufügen und etwa 10 Minuten unter gelegentlichem Umrühren kochen lassen. Die Suppe durch ein Sieb passieren und abschmecken.

Tip aus alter Zeit: Mit etwas Wein verfeinern.

Buttermilchsuppe

40 g feines Weizenmehl,
1 l Buttermilch,
Salz, Zucker, Zimt,
Toast oder Zwieback

Man rührt das Mehl in etwas Wasser und kocht es kurz auf. Dann füllt man die Buttermilch hinzu und läßt die Suppe heiß werden, aber nicht aufkochen. Nun nimmt man die Speise vom Feuer und würzt mit Zucker, Salz und

Zimt. Geröstete Weißbrotschnitten oder Zwieback in die Terrine legen und die Suppe darüber gießen.

In den alten Rezepten wird geraten, die Buttermilch zu kochen. Dies galt jedoch für die selbst hergestellte Buttermilch und ist für die gekaufte Buttermilch nicht zu empfehlen. Wer nicht auf die Linie achten muß, kann die Buttermilchsuppe mit 2 Eßl. Sahne verfeinern.

Buttermilchkaltschale

100-125 g Pumpernickel,
80-100 g Zucker,
1 l Buttermilch

Pumpernickelbrösel und Zucker in die Pfanne geben, karamelisieren, etwas abgekühlt in die kalte Buttermilch geben.

Tip aus alter Zeit: Obstflecken kann man mit Buttermilch behandeln. Je nach dem Grad der Verschmutzung die Kleidung nur kurz oder über Nacht einweichen.

Buttermilchsuppe mit Graupen und Trockenobst

150 g Graupen,
100 g Trockenobst,
1 l Wasser, 40 g Mehl,
1 1/4 l Buttermilch,
Salz, Zucker, Zimt

Die Graupen werden mit Wasser weich gekocht und abgeschüttet. Das Trockenobst (Pflaumen, Birnen, Äpfel oder Rosinen) wird eingeweicht und in Wasser gar gekocht. Mehl mit etwas kaltem Wasser anrühren und zu den gekochten Obstfrüchten geben und kurz aufkochen lassen. Die Buttermilch unter Rühren hinzufügen und die Graupen einrühren. Heiß werden lassen, aber nicht mehr aufkochen. Mit Salz, Zucker und Zimt abschmecken.

Brockensuppe

1 l Milch,
Weißbrotreste,
Zucker

Die Milch zum Kochen bringen. Das Weißbrot in Stückchen brechen und in die Milch „einbrocken", mit Zucker abschmecken und fertig ist die „Brockezupp".

Wer sich einbrockt eine Suppe,
muß sie sonst auch selber essen.
Doch wer kocht, der "brockt" für andre,
das darfst du niemals vergessen.

Bier- und Weinsuppen

Nicht nur in Bitburg, der Bierstadt der Eifel, aß man gerne Biersuppe, sondern überall in der Eifel; vielleicht noch als Erinnerung an die Zeit, in der jeder sein eigenes Bier braute. Weinsuppe war ebenfalls nicht nur in den Weinanbaugebieten an Ahr, Mosel und Rhein beliebt, sondern überall in Eifellanden.

Wie man vor 400 Jahren in einem Kloster eine Weinsuppe zubereitete, sagt folgendes Rezept: Verlangt dirs nach einer Weinsuppe ohne Eier, es sei in der Fasten oder sonsten an einem Feiertage, so nimm einen Topf, ein halbes oder ganzes Quart Wein, schneide darein Brosamen von einer Semmel und setze es zum Feuer, lege Honig oder Zucker drein und laß es wohl sieden, dann schlags durch ein Sieb und thue sie wieder in den Topf, würze es ab mit allerlei Würze, nur nit mit Nelken, und schütte kleine Rosincken darein.

Bitburger Biersuppe

1 l Bier (Weiß- oder Braunbier),
Rosinen, Zucker, Zimt,
1 Tasse süßer Rahm,
2 Eigelb,
Brotschnitten

Das Bier wird mit den Rosinen, dem Zucker und dem Zimt kurz aufgekocht (Schaum wegnehmen). Man rührt eine Tasse voll süßen Rahm mit 2 Eigelb an, läßt dies in das kochende Bier einlaufen, rührt die Suppe bis zum Sieden und richtet sie über Brotschnitten an.

Tip aus alter Zeit: Biersuppe nur kurz aufkochen lassen; wolle man Bier lange kochen lassen, würde es schal werden und alle Kraft verlieren.

Brot – Biersuppe

125 g Brot,
3 Brötchen,
1/2 l Wasser,
50 g Zucker,
Salz, 1/2 l Bier,
Mehl, 1 Ei

Das Brot und die Brötchen werden eingeweicht und mit demselben Wasser gar gekocht. Dann würzt man mit Zucker und Salz und gießt das Bier hinzu. Man dickt die Suppe mit Mehl und rührt zuletzt das Eigelb daran. Eiweiß steifschlagen, zu Klößchen abstechen und im geschlossenen Topf ziehen lassen.

Bier-Milchsuppe

1/4 l Milch,
1 Zimtstange,
20 g Mehl,
3/4 l Bier,
50 g Zucker,
1 Eigelb

Die Milch wird mit Zimt aufgekocht und mit kalt angerührtem Mehl verdickt; das Bier wird dazugegeben und fast bis zum Kochen gebracht. Man schmeckt die Suppe mit Zucker ab, legiert sie mit einem Eigelb und quirlt sie einige Minuten an heißer Herdstelle, ohne sie aufzukochen. Die Suppe kann warm oder kalt gegessen werden.

Das Bier war lange ein alltägliches Volksnahrungsmittel, das nicht als alkoholisches Getränk verstanden wurde. Im Mittelalter hatte die Hausbrauerei auf dem Lande eine große Bedeutung. Nach dem Backtag trat an derselben Feuerstelle der Brautag. Wie bei Rumpelstilzchen hieß es in der Eifel: Heute back' ich, morgen brau' ich. Die ländlichen Braustuben wurden zum größten Teil von den Frauen bedient.

Ahr-Rotweinsuppe

40 g Sago,
1/2 l Wasser,
2 Nelken,
Stangenzimt,
3 Eßl. Zucker,
1/2 l Rotwein,
1 Glas Himbeersaft

Sago wird mit kaltem Wasser zum Kochen gebracht, Nelken und Zimtstange hinzugefügt und 15 Minuten bei geringer Hitze gekocht. Kurz vor dem Anrichten gibt man Zucker und den Rotwein hinzu (den Wein nicht mitkochen lassen) und verfeinert mit Himbeersaft. Warm oder kalt servieren.

Der Sage nach soll St. Petrus höchst persönlich den Rotwein ins Ahrtal gebracht haben. Da die Winzer an der Ahr sich nicht vom Teufel zum „Saufen" verführen ließen, versprach Petrus ihnen einen Wein, der sonst nirgends rheinauf und -ab gedeihe, ein Wein so rot wie Herzblut, so rot wie die Liebe.

Apfelweinsuppe (Viezsuppe)

1 l Wasser,
1 Stange Zimt,
1 Ei, 2 Eßl. Mehl,
4 Eßl. Zucker,
1/2 l Apfelwein

Man setzt 1 l Wasser auf und fügt ein Röhrchen Zimt hinzu. Dann verrührt man 1 Ei mit Mehl und etwas Wasser zu einem flüssigen Teig und setzt es der Suppe zu. Das alles läßt man unter beständigem Rühren aufkochen, würzt es mit Zucker und fügt den Wein hinzu, erhitzt die Weinsuppe, läßt sie aber nicht mehr kochen.

Die 'Eifeler Volkskunde' berichtet über den Apfelwein: „Im Spätherbst ist das Obstkeltern, Viezmachen, in der Südeifel eine wichtige Angelegenheit. Viez wird meist aus Holzäpfeln, Rotbirnen und anderen geringeren Äpfel- und Birnensorten bereitet..." Kein Familien- oder Dorffest, kein Geschäftsabschluß und kein Handel wurde gemacht, bei dem der Viezkrug nicht rund ging. Nach altem Brauch wurde den Frauen der Viez mit reichlich Zucker angeboten.

Mit rüstiger Arbeit
und rührigem Beten,
verscheuch' die Versuchung
und trotze den Nöten.

Obstsuppen warm und kalt

Obstsuppen waren in der Alt-Eifeler Küche als Abendmahlzeit beliebt und wurden sowohl warm als kalt gegessen. Frisches Obst gab es natürlich nur, wenn die Früchte reif waren; ansonsten wurden eingemachte oder getrocknete Früchte verwendet. Grießklößchen oder Zwieback verdicken die Obstsuppen, die als krönenden Abschluß mit Eischnee oder Sahne verziert werden können.

Obstsuppe aus frischem Obst

500 g Früchte je nach Jahreszeit, (Beeren, Äpfel, Birnen usw.)
1 l Wasser, Zucker,
1 Eßl. Stärkemehl,
Zimt, Zitrone

Früchte mit Wasser und Zucker gar kochen. Mit dem mit Wasser angerührten Stärkemehl andicken und mit Zimt und Zitrone abschmecken.

Wurden Gartenfrüchte zu Gelee verarbeitet, so gab es am Abend nach einem solchen arbeitsreichen Tag eine Obstsuppe, da man alles für diese erfrischende Speise sowieso zur Hand hatte. Es war also „ein Abwasch".

Rhabarbersuppe

500 g Rhabarber,
1 l Wasser,
4 Eßl. Zucker,
Zitronenschale, Zimt,
2 Eßl. Vanille-Puddingpulver,
1 Ei, 1/4 l Weißwein

Der abgezogene Rhabarber wird in kleine Stückchen geschnitten und mit Wasser, der Hälfte des Zuckers, Zitronenschale und Zimt kurz aufgekocht. Mit dem angerührten Puddingpulver wird die Suppe angedickt. Das Ei schlägt man mit dem Wein und dem restlichen Zucker schaumig und fügt es der Rhabarbersuppe zu. Warm oder kalt servieren.

Wir bezeichnen den Rhabarber als Obst; eigentlich ist er aber ein Gemüse, da er ein Staudengewächs ist. Er ist auch heute noch in vielen Eifelgärten zu finden.

Kirschsuppe

500 g saure oder
750 g süße Kirschen,
2 Zwieback,
1/4 l Wasser,
1 Stange Zimt,
Zucker, Salz,
1 l Magermilch

Die entsteinten Kirschen kocht man mit Zwieback und einer Stange Zimt in Wasser weich und würzt mit Zucker und Salz. Darauf gießt man die Magermilch. Zuletzt läßt man die Suppe nochmals gut heiß werden.

Holundersuppe

500 g Holunderbeeren,
1 l Wasser,
1 Stück Zitronenschale,
1 Stange Zimt,
2 Äpfel, 50 g Zucker,
1-2 Eßl. Zitronensaft,
20 g Stärkemehl,
1/8 l Weißwein

Die Holunderbeeren von den Stielen streifen, kalt abbrausen und abtropfen lassen. Das Wasser zum Kochen bringen und die Beeren mit Zimt und Zitronenschale etwa 15 Minuten bei mittlerer Hitze kochen. Die Masse durch ein Sieb streichen. Die Äpfel in dünne Scheiben schneiden, zu dem abgetropften Holunderbeersaft geben und mit Zucker einige Minuten kochen lassen. Die Speisestärke mit dem Weißwein anrühren, in die Suppe einrühren und diese kurz aufkochen lassen. Warm oder kalt servieren.

Der schwarze Holunder wuchs früher an jedem Haus in der Eifel und wurde hoch in Ehren gehalten. Er galt als Schutzstrauch, der Krankheit und Leid fernhielt, vor Blitz schützte und böse Geister vertrieb. Sowohl die Beeren als auch die Blüten des Holunders haben Heilkraft. So ist es nicht verwunderlich, daß man den Strauch seit altersher „Herrgott's Apotheke" und „der ierschte on beste Dokter van de Welt" nennt. Aus den Blüten stellt man einen Tee her, der bei Leibweh getrunken wird. Aus den Beeren macht man neben Suppen und Kaltschalen vor allem Saft und Gelees. Ein vorzügliches Mittel gegen Husten ist ein Holundersirup, den man wie folgt herstellt: 1 kg Holunderbeeren mit wenig Wasser zugedeckt aufkochen. Etwa 1 Stunde stehenlassen. Abpressen, filtrieren. 1 kg Birnendicksaft mit 2 Eßl. Zitronensaft beifügen, 5 bis 8 Minuten kochen, bis der Zucker sich ganz aufgelöst hat. Heiß verschließen.

Pflaumensuppe

1 l Milch, Salz,
40 g Mehl,
1 Glas Pflaumen,
Zucker und Zimt

Die Milch mit einer Prise Salz zum Kochen bringen und mit dem angerührten Mehl binden.
1 Glas Pflaumen (mit etwas Saft) unterrühren und die Suppe mit Zucker und Zimt abschmecken.

Als „Prummewärmp" wird die Pflaumensuppe in der Eifel auch mit getrockneten Pflaumen (125 g) gekocht.

Aus Holunderbeeren gesüßter Brei
macht Brust und Hälslein frei.

Obstsuppe mit getrocknetem Obst

100 g gemischtes Trockenobst,
1 1/4 l Wasser,
3 Tropfen Zitronenaroma,
75 g Zucker,
10 g Stärkemehl,
Vanillezucker

Das Trockenobst wird gewaschen und in 1/2 l Wasser 12 Stunden eingeweicht; es wird mit dem Einweichwasser, dem Zitronenaroma und dem Zucker zum Kochen gebracht und in etwa 20 Minuten gar gekocht. Dann wird die Masse durch ein Sieb gestrichen, mit der restlichen Wassermenge aufgefüllt und wieder zum Kochen gebracht. Die Suppe wird mit dem kalt angerührten Stärkemehl verdickt und mit Vanillezucker gesüßt.

Da der Küchenherd früher immer geheizt war, konnte man ständig irgendwelches Obst trocknen, ob Aprikosen, Birnen oder Pflaumen. Zusätzlich war über dem Herd eine Schnur gespannt, an der Apfelringe zum Trocknen hingen. Im Backofen des Elektro- oder Gasherdes ist das Trocknen von Obst zu teuer, da kauft man besser Dörrobst.

Wenn es dem Weibe an Weisheit gebricht,
kann es doch weise schalten.
Viel erwerben kann es oft nicht,
dafür aber vieles erhalten.

Heil- und Fastensuppen

Eine Suppe ist nicht nur schmackhaft, sie kann zusätzlich an einem kalten Tag den ganzen Körper aufwärmen und das körperliche Wohlbefinden günstig beeinflussen. Sie kann aber auch als Heilmittel bei kleinen Wehwehchen eingesetzt werden. Unsere Ahnfrauen hatten die heilende Wirkung der Suppen längst erkannt.

Wer nach einer Krankheit noch geschwächt ist, fühlt sich nach dem Verzehr einer kräftigen Rindfleischsuppe gleich besser. Bei Erkältungskrankheiten ist eine Hühnersuppe von Nutzen. Bereits seit dem 12. Jahrhundert wird sie nachweislich als Heilmittel eingesetzt, und eine dampfende Hühnersuppe hat schon manchen Husten und Schnupfen gemildert. Den Dampf der kochend-heißen Hühnersuppe soll man Löffel für Löffel langsam einatmen, denn vermutlich bringen die Dämpfe die Schleimhäute zum Abschwellen und damit die lästigen Erscheinungen der Erkältung zum Abklingen.

Als Heilmittel bei Magenbeschwerden ist eine Kartoffelsuppe zu empfehlen, denn die ausgekochte Kartoffel hat eine wohltuende und ausgleichende Wirkung, weil sie viele Mineralien spendet und Säureüberschuß bindet. Ein strapazierter Magen kommt wieder zur Ruhe. Allerdings sollte man es bei einem Teller Suppe als wohltätiges Maß belassen und für einige Stunden nichts anderes essen. Für die Kartoffel-Heilsuppe kocht man in Wasser fein geschnitzelte Möhren oder Sellerie ab. Dann nimmt man das ausgekochte Gemüse wieder heraus und kocht in der Gemüsebrühe die Kartoffeln, die man entweder in Würfel schneidet oder mittels einer Reibe in das kochende Wasser einfüllt. Nur sparsam würzen. Man kann die Suppe passieren oder legieren.

Bei Durchfall hilft eine Möhrensuppe, die bereits Kleinkindern gegeben werden kann. Man soll folgendermaßen vorgehen: „Mehrmals am Tag ein Glas Pfefferminz- oder Fencheltee mit Traubenzucker und einer Prise Salz geben, dazu Suppen aus geraspelten Möhren oder aus Äpfeln und Bananen. Die Suppe kann auch mit dem Kräutertee verdünnt werden."

Im Cholerajahr 1831 gab der Schleidener Landrat Graf Beißel folgende Anweisungen für den Umgang mit Kranken: „Wer einem Cholerakranken beistehen muß oder mit ihm umzugehen hat, soll nie mit leerem Magen zu ihm gehen. Er soll Kümmelsuppe oder Bier- und Weinsuppe zu sich nehmen oder seinen Mund mit Essig oder Branntwein desinfizieren."

Bei vielen Unpässlichkeiten hielt man früher einen Fastentag für heilsame Medizin – und mit diesem Rezept lag man durchaus richtig. An solch einem Tag sollte man nur sparsam sogenannte „Fastensuppen" essen: Geröstete Grießsuppe, Haferflockensuppe, eine leichte Gemüsesuppe, Brotsuppe oder ähnliches. Beliebt als Heil- und Diätmittel war eine „Bröselsuppe", bei der man 6 Eßlöffel Semmelbrösel in Fett hellgelb röstete und mit einem Ei verquirlt in 1 1/2 l Wasser gab. Diese Suppe kochte man 1/4 Stunde und schmeckte mit Salz, Muskat und Petersilie ab.

Die Fastensuppen eigneten sich vorzüglich für die von der Kirche vorgeschriebenen Fasttage, derer es früher zahlreiche gab. 40 Tage dauert die Fastenzeit vor Ostern. An Fast- und Abstinenztagen durfte man sich nur einmal am Tage sattessen, was meist zur Mittagszeit geschah. Beim Frühstück und Abendbrot mußte man sich mit einer kleinen Stärkung begnügen, wozu sich die Suppen bestens eigneten. Bei harter, körperlicher Arbeit empfanden die Menschen die Fastentage als wirkliches Fastenopfer.

Heute nimmt man es mit den kirchlichen Fasttagen nicht mehr so genau, dafür ist das Fasten als Diät- und Entschlakkungsmittel zur Gewichtsreduzierung ein häufiges, freiwilliges Opfer. Und auch da sind leichte, kalorienarme Heil- und Fastensuppen zu empfehlen.

Eintopfsuppen

Deftige Eintopfsuppen waren in der Eifel äußerst beliebt. Kräftig abgeschmeckt mundeten sie vorzüglich und stillten selbst den größen Hunger. Beim Kochen konnte man vieles verwenden, was man als Selbstversorger in Haus und Garten, Küche und Keller vorrätig hatte: Geräuchertes vom letzten Schlachten, Gemüse und Kartoffeln, Eingemachtes und Eingelegtes. Es ergaben sich viele Variationen der Zubereitung und der Fantasie waren keine Grenzen gesetzt.

Günstig war eine Eintopfsuppe, wenn unerwartet ein oder zwei Esser mehr am Tisch saßen. Schnell konnte die Suppe mit Wasser „verlängert“ werden, so daß alle satt wurden. Die Eifeler waren bekannt für ihre Gastfreundschaft. Einst war es selbstverständlich, daß durchreisende Handwerker oder Händler bewirtet wurden, selbst wenn Schmalhans mal wieder Küchenmeister war. Als Gegenleistung erwarteten die Dörfler, Neues aus der weiten Welt oder zumindest aus dem Nachbardorf zu erfahren. Skepsis und Zurückhaltung übten die Eifeler allerdings Fremden gegenüber, wenn diese in größerer Zahl auftraten. Die uralte Angst der Sippengemeinschaft vor Bedrohung durch mächtigere fremde Stämme war dann größer als die Gastfreundschaft.

In der Eifel waren besonders Graupen-, Bohnen- und Kartoffelsuppen beliebt. War das Fleisch knapp, so erhielt die dicke Suppe mit der stets bewährten Speck-Zwiebelsoße einen fleischigen Geschmack. Zu Suppen mit Hülsenfrüchten wurde Schweine- oder Pökelfleisch aus der eigenen Schlachtung genommen. Heute sind Mett- oder Brühwürstchen Favoriten in Eintopfsuppen.

Gerne gibt man beim Servieren geröstete Weißbrotwürfel in die Suppe oder reicht eine Scheibe Eifeler Brot. Als Eifeler Spezialität gelten die Hefeküchlein, die man zu den Eintopfsuppen ißt. Aber auch Apfel- oder Pflaumenküchlein aus Pfannenkuchenteig sowie Reibekuchen, Hefeblechkuchen und Waffen waren als Beilage allgemein beliebt.

Graupensuppe mit Gemüse

10 g Fett, Zwiebeln, Lauch, Sellerie, Möhren, 100 g Perlgerste (Graupen), 1 1/2 l Wasser, Salz, Muskat, Kerbel, Liebstöckel, Petersilie, Brot oder altes Brötchen, Butter

In dem Fett Zwiebeln, Lauch, Sellerie und Möhren (alles würfelig geschnitten) anrösten, die Gerste hinzufügen und einige Minuten weiterrösten. Mit dem Wasser unter Rühren auffüllen und die Suppe bei schwacher Hitze 1 Stunde lang köcheln lassen. Mit Salz, Muskat, Kerbel, Liebstöckel und Petersilie abschmecken. Das Brot oder das Brötchen in Würfel schneiden, in Butter rösten und zur Suppe geben.

Graupen sind enthülste, zerkleinerte und kugelig geschliffene Gersten- oder Weizenkörner. In der Eifel wurden zum Kochen vorwiegend die Körner der Gerste benutzt. Da die „decke Jeärsch“ beim Kochen sehr sämig wird, eignet sie sich bestens für dicke Suppen.

Graupensuppe mit Rindfleisch

500 g Rindfleisch (Suppenfleisch), 1 1/2 l Wasser, 1 Teel. Salz, 1 Lorbeerblatt, 100 g Graupen, Suppengemüse (Lauch, Sellerie, Möhren), 1 kg Kartoffeln, Petersilie

Das Fleisch in das kochende Wasser geben, Salz und Lorbeerblatt hinzufügen und etwa 1 Stunde kochen lassen. Dann gibt man die eingeweichten und abgeschütteten Graupen in die kochende Brühe und fügt nach einer halben Stunde das geputzte und feingeschnittene Suppengemüse und die in Würfel geschnittenen Kartoffeln hinzu. Nun läßt man die Suppe noch weitere 20 Minuten garen.

Vor dem Anrichten schmeckt man sie mit Salz ab und bestreut sie mit gehackter Petersilie.

Tip aus alter Zeit: Neben dem Rindfleisch kann man ein Schweineschwänzchen in der „Eefeler Jeärschtesupp" mitkochen; oder man brät 250 g kleingeschnittenen Speck an und gibt diesen der Suppe bei.

Bohnensuppe mit Buttermilch

500 g grüne Stangen- oder Strauchbohnen,
1 kg Kartoffeln,
1 1/2 l Milch,
1/2 l Buttermilch,
Salz, Pfeffer,
1/8 l süße Sahne

Die Bohnen (frisch aus dem Garten oder vom Markt) zu feinen Streifen „fitschen" und in Salzwasser abkochen. Die gekochten Bohnen auf ein Sieb geben und abtropfen lassen. Die Kartoffeln kochen und zu Püree zerstampfen. Milch und Buttermilch vorsichtig nach und nach hinzugeben und unter ständigem Rühren erhitzen (nicht kochen). Zum Schluß die grünen Bohnen in die Suppe geben und mit Salz, Pfeffer und süßer Sahne abschmecken.

Bohnen waren in der Eifel Jahrhunderte hindurch ein Hauptnahrungsmittel. Der Dominikanerpater Ambrosius von Pelagius, der Mitte des 16. Jahrhunderts an der Trierer Universität wirkte, schrieb an seinen Freund Erasmus von Rotterdam: „Das Leibgericht der Eifler sind Bohnen. Die Leute füllen sich damit den Bauch, bis er stramm wird. Die Bohnen sind nach ihrer Ansicht ein Vorbeugungsmittel gegen Krankheiten aller Art. Deshalb haben auch viele Quacksalber nichts zu tun. Sie schreiben den Bohnen eine geheimnisvolle Kraft zu."

Grüne Bohnensuppe mit Rahm

750 g grüne Bohnen (Stangen- oder Strauchbohnen),
1 Teel. Salz,
1 l Wasser,
1 Zweiglein Bohnenkraut,
500 g Kartoffeln,
1 Tasse saurer Rahm,
Pfeffer, Maggi, Petersilie

Die Bohnen schnippeln und mit dem Salz bei schwacher Hitze in 45 Minuten in dem Wasser gar kochen, das Bohnenkraut 10 Minuten mitkochen lassen und rausnehmen. (Bohnenkraut macht Bohnenspeisen bekömmlicher, bei längerer Kochzeit werden jedoch Bitterstoffe freigesetzt.) Das Wasser abgießen und aufbewahren. Die Kartoffeln kochen und gemeinsam mit den Bohnen stampfen. Mit dem Gemüsewasser und dem Rahm bis zur gewünschten Suppendicke auffüllen. Mit Salz, einem Hauch Pfeffer und evt. Maggi abschmecken und mit Petersilie bestreuen.

Nach altem Volksglauben soll man in den Lustertagen und Rauhnächten (24. 12. bis 6. Januar) zur Abwendung von Unglück keine Hülsenfrüchte essen. Nach Beendigung dieser Zeit bringen Bohnen Glück.

Sauerbohnensuppe

500 g geräucherte Rippchen,
1 1/2 l Wasser,
500 g Sauerbohnen (in Milchsäure vergoren),
500 g Kartoffeln,
2 Zwiebeln,
1 Möhre,
1 kleine Sellerie,
Bohnenkraut,

Das Fleisch in dem Wasser 20-30 Minuten vorkochen. Dann die Schneidebohnen mit ihrer Flüssigkeit, die in Würfel geschnittenen Kartoffeln und die geschälten und kleingeschnittenen Zwiebeln, Möhre und Sellerie hinzufügen und 30 Minuten kochen lassen. 10 Minuten vor Ende der Kochzeit das Bohnenkraut

1 Stange Porree,
1/2 Teel. Pfeffer,
Rahm oder Sahne

und das in feine Streifen geschnittene Porree in die Bohnensuppe geben. Zum Schluß mit Pfeffer abschmecken. Nicht salzen, da sowohl das Räucherfleisch als auch die Sauerbohnen Salz enthalten. Die Suppe mit Rahm oder Sahne verfeinern.

Die Sauerbohnen wurden wie das Sauerkraut in einem großen Faß mit Salz eingelegt. Wenn ältere Frauen sich an den einstigen Bohnen-Steinguttopf erinnern, fällt ihnen zuerst der säuerliche Bohnengeruch ein, der das ganze Haus durchzog.

Weiße Bohnensuppe

500 g weiße Bohnen,
1 1/2 l Wasser,
500 g Kartoffeln,
1-2 Möhren,
1 Stange Lauch,
1/2 l Milch, Salz,
50 g Butter, Essig

Die Bohnen über Nacht in 1 1/2 l Wasser einweichen. Mit der Einweichflüssigkeit zum Kochen bringen und 1 1/2 Stunden kochen lassen. Nun die geschälten und in Würfel geschnittenen Kartoffeln, Möhren und Lauch zufügen und noch 30 Minuten weiterkochen lassen. Anschließend die Milch sowie Salz und Butter dazugeben, nochmals aufkochen lassen und mit dem Kartoffelstampfer durchstampfen. Mit Essig abschmecken.

Dazu aß man eingelegte Heringe, Bratheringe oder Kartoffelpfannkuchen.

Weiße Bohnensuppe mit Hammelfleisch

300 g weiße Bohnen,
2 1/2 l Wasser,
500 g Hammelrippe,
1 Stück Sellerie,
1 Stange Porree,
1 Möhre,
250 g Kartoffeln,
etwas Bohnenkraut,
Fett, 2 Zwiebeln,
Salz, Pfeffer,
Schnittlauch

Die Bohnen abspülen und über Nacht in Wasser einweichen und am nächsten Tag im Einweichwasser zum Kochen bringen. Die Hammelrippe ganz oder zerteilt zu den kochenden Bohnen geben. Nach etwa 2 Stunden Kochzeit die fein geschnittene Sellerie, Porree, Möhre und Kartoffelwürfelchen hinzugeben und nochmals 30 Minuten kochen lassen. Bohnenkraut 10 Minuten mitkochen lassen. Zuletzt die in Fett gebräunten Zwiebeln hinzufügen und mit Salz und Pfeffer abschmecken und mit Schnittlauch bestreuen.

Vor 100 Jahren hieß es, daß die Einweichzeit mindestens 24 Stunden betragen sollte, bei Sorten vorletzter Ernte sogar zwei Tage. Die neueren Rezepte geben als Einweichzeit „über Nacht“ an. Nicht zur Nachahmung zu empfehlen, ist der Tip aus alter Zeit, die Hülsenfrüchte in weichem Regenwasser einzuweichen. Regenwasser ist zwar auch heute noch weich, aber zu „sauer“, um es als Einweichwasser zu benutzen. An die zahlreichen Seuchen erinnert der Hinweis, daß das Wasser vor dem Einweichen abzukochen sei. Es ist heute nicht mehr nötig. Die getrockneten Hülsenfrüchte sollten jedoch vor dem Einweichen gut abgespült werden.

Hunger macht saure Bohnen süß!

Mitternachtssuppe

250 g Gehacktes,
Salz, Pfeffer,
Oregano, 2 Zwiebeln,
2 Paprika,
1 Dose Tomaten,
1/2 Tasse Wasser,
1 Dose Tomaten-cremesuppe,
1 Dose weiße Bohnen

Das Gehackte mit Salz, Pfeffer und Oregano würzen und gemeinsam mit den kleingeschnittenen Zwiebeln und Paprika anbraten und mit den Tomaten aus der Dose anfüllen. Wasser, Tomatencremesuppe und weiße Bohnen hinzufügen, gut umrühren und 5 bis 10 Minuten kochen.

Die Mitternachtssuppe macht müde Partylöwen – nicht nur in der Eifel – wieder munter. Sie schmeckt als Eintopfgericht auch zur Mittagszeit.

Erbsensuppe mit Blutwurst

200 g getrocknete Erbsen,
1 1/2 l Wasser,
250 g Schweine-pökelfleisch (Ohr, Schnauze, Schwanz),
2 dicke Kartoffeln,
etwas Sellerie,
Porree, 1 Möhre,
Salz, Pfeffer,
1/2 Tasse Speckwürfel,
1 Zwiebel,
1 Teel. Majoran,
250 g Blutwurst

Die Erbsen abspülen und abends mit 1 1/2 l Wasser einweichen. Am anderen Tag die Erbsen im Einweichwasser gut 2 Stunden kochen lassen, das Pökelfleisch hineingeben und nochmals 3/4 Stunden kochen. Kartoffeln, Sellerie, Porree und Möhre kleinschneiden und zu der Suppe geben, mit 1 Teel. Salz und einer Messerspitze Pfeffer würzen und alles 20 Minuten kochen lassen. Speckwürfel ausbraten, Zwiebelringe darin bräunen und zu der Suppe geben. Mit Majoran abschmecken. Dazu wird die Blutwurst warm oder kalt gereicht.

In vielen Familien kam die Erbsensuppe jeden Samstagmittag auf den Tisch. So wurde der Samstag auch „Äezedag“ genannt. Während die Suppe kochte, wurde die Küche gereinigt.

Linsensuppe mit Mettwurst

375 g Linsen,
1 l Wasser,
Salz, Pfeffer,
Thymian,
2 Möhren,
2 Stangen Porree,
1 Stück Sellerie,
1 Stück Petersilienwurzel,
4 Mettwürste,
1 Zwiebel, Fett,
Essig

Linsen verlesen, abspülen und über Nacht in kaltem Wasser einweichen. Am nächsten Tag mit dem Einweichwasser zum Kochen bringen. 1 gestr. Teel. Salz, eine Messerspitze schwarzen Pfeffer und 1/2 Teel. Thymian zugeben und bei kleiner Flamme etwa 1 bis 1 1/2 Stunde stets langsam, aber fortgesetzt kochen lassen. Gemüse putzen und kleinschneiden, zu den Linsen geben und weitere 30 Minuten kochen lassen. Evtl. etwas heißes Wasser oder Brühe zugießen. Mettwürste hinzufügen und ca. 10 Minuten mitkochen lassen. Zwiebel sehr fein schneiden, in Fett glasig dünsten und zum Schluß in die Linsensuppe geben. Beim Anrichten rührt man etwas Essig durch.

Das Linsengericht ist bereits im Alten Testament erwähnt, denn Esau verkaufte für ein Linsengericht sein Erstgeburtsrecht an seinen jüngeren Bruder Jakob. Die alten Römer kochten ihre Linsen zusammen mit Kastanien und würzten mit Pfeffer, Kümmel, Koriandersamen, Minze, Raute, Laserwurzel und Flohkraut.

Hunger ist der beste Koch,
dies galt früher und gilt noch.

Dauner Kartoffelsuppe

30 g Butter,
4 Möhren,
1 Sellerie,
2 Stangen Lauch,
1 kg Kartoffeln,
1 1/2 l Knochenbrühe,
Salz, Pfeffer,
2-3 Scheiben
altes Brot,
125 g durchwachsenen
Speck,
2 Zwiebeln

Das Fett im Topf erhitzen, das geputzte Suppengemüse darin andünsten, die in Würfel geschnittenen Kartoffeln hinzufügen und mit heißer Brühe auffüllen und mit Salz und Pfeffer würzen. Das Brot oben auflegen und die Suppe eine gute halbe Stunde kochen lassen und anschließend durch ein Sieb passieren. Den Speck würfeln, auslassen, mit den Zwiebelwürfeln bräunen und in die Suppe geben.

Die Kartoffelsuppe war wohl die häufigste Eintopfsuppe auf Eifeler Tischen. Besonders im Winter tat diese Suppe gut und wärmte so richtig auf, wenn man längere Zeit in der Kälte gewesen war. Neben den üblichen Suppengemüsen (Möhren, Porree, Sellerie) nahm man auch Wirsing, Blumenkohl, Kohlrabi, Bohnen oder was es sonst gerade im Garten zu ernten gab. Abgeschmeckt wurde die Suppe mit verschiedenen Kräutern; neben Petersilie und Schnittlauch auch mit Thymian, dem Maggigewürz Liebstöckel, Salbei oder mit einigen Pfefferminzblättern.

Oma's rohe Kartoffelsuppe

1 1/2 l Wasser,
500 g Knochen,
1 Teel. Salz,
1 Fleischwürfel,
1 Stange Porree,
5 dicke Kartoffeln

Wasser, Knochen, Salz und Fleischwürfel werden in einen Topf gegeben und eine Zeitlang gekocht und dann abgegossen. Das Wasser mit der kleingeschnittenen Stange Porree wieder zum Kochen bringen und die rohen Kartoffeln in die Suppe reiben und ungefähr 15 Minuten mitkochen lassen.

In schlechten Zeiten mußte man auf Fleischbeigaben in der Kartoffelsuppe verzichten oder man mußte Fleischstücke zumindest mit der Lupe suchen. Fleischwürfel geben der fleischlosen Suppe einen „fleischigen" Geschmack.

Saure Kartoffelsuppe

500 g Kartoffeln,
Suppengemüse,
1 l Fleischbrühe,
Salz, Nelkenpulver,
1 Lorbeerblatt,
30 g Schmalz,
40 g geräucherten Speck,
1 Zwiebel,
20 g Mehl,
2 Eßl. Weinessig,
Leber- und Blutwürste

Die Kartoffeln schälen, würfeln und mit dem kleingeschnittenen Suppengemüse in die Fleischbrühe geben. Salz, Nelkenpulver und 1 Lorbeerblatt hinzugeben und in 20 Minuten gar kochen. In dem Schmalz den in Würfel geschnittenen Speck und die kleingeschnittene Zwiebel glasig dünsten und mit Mehl anbräunen. Nach und nach mit der Suppe auffüllen und noch 10 Minuten kochen lassen. Mit Essig abschmecken. Kleine Leber- und Blutwürste in die Teller verteilen und die Suppe darübergießen.

Die Liebe gleicht 'nem Suppentopf
drin Hammelfleisch und Knochen;
wenn Du nicht stets das Feuer schürst,
dann hört es auf zu kochen.

ESSEN KOMMEN!

Gesegnete Mahlzeit: Tischgebete

Seit je ist es den Menschen ein Bedürfnis, den Segen für das tägliche Brot zu erflehen. Vor und nach der Nahrungsaufnahme erinnert man sich in einem Gebet daran, daß es von höheren Mächten abhängt, ob der Tisch gedeckt ist. Je mehr die Menschen mit der Natur verbunden sind, desto näher steht ihnen eine erdverbundene Göttlichkeit. War es in der Vorzeit die „Mutter Erde", die die Früchte der Erde wachsen ließ, so zeichnete später Gott Vater für die nötigen Mittel zum Leben, die Lebensmittel, verantwortlich. Manchem waren die Eifeler allerdings zu erdhaft fromm: „Vielleicht sind unsere Bauersleute ein bißchen zu erdhaft fromm, sie sehen den Herrgott als den obersten Bauersmann an, der aufzupassen hat auf Saat und Früchte; sie beten zuerst um das tägliche Brot und um dicke Kartoffeln."

Früher wurde in den christlichen Familien vor und nach jedem warmen Essen – und das war mittags, abends und beim Breiessen auch morgens – ein Tischgebet gesprochen. 1880 forderte man den gläubigen Menschen mit folgender Argumentation zur „Verrichtung des Tischgebetes" auf: „Die Mahlzeit, welche der Familie auf dem Tische dargeboten wird, ist nicht nur eine Frucht des Fleißes des Mannes und der Sorge der Frau, sondern auch eine dankenswerte Gabe Gottes…, drum sollen wir ihm auch von Herzen danken und ihn um seinen Segen bitten. Niemals sollen wir unser Tischgebet unterlassen."

Das Tischgebet wurde in den meisten Familien gemeinsam und laut gesprochen. Zu Beginn der Mahlzeiten begann man mit einem Segen, dem mehrere „Vater unser" und „Gegrüßet seist du Maria" folgten; in einigen Familien wurden zusätzlich in einer Litanei alle Heiligen angefleht, so daß über das Vor-Tischgebet die Suppe kalt werden konnte. Nach dem frommen Wunsch „Gesegnete Mahlzeit" konnte dann endlich zum Löffel gegriffen werden. Das Dankgebet war manchmal noch länger. Besonders abends fügte man allerhand Bittgebete an, ein Gebet zum Schutz für Haus und Hof, Stall und Vieh sowie zahlreiche Gebete für die Verstorbenen.

Die langen Gebete wurden jedoch oftmals nur gedankenlos heruntergeleiert. So wurden sie schließlich auf ein Minimum beschränkt, wobei man mehr Andächtigkeit erhoffte. „In der Kürze liegt die Würze", galt nun bei den Tischgebeten. Die Kürze war allerdings bald so kurz, daß nur noch ein Kreuzzeichen gemacht wurde. Selbst dieses fiel mit der Zeit unter den Tisch und es blieb nur ein gemurmeltes „Mahlzeit".

In der Vergangenheit wurden die Tischgebete von der Geistlichkeit übermittelt und standen im allgemeinen Katechismus. Sie sind daher kaum regional. Einige Fürbitten und Dankgebete sind aus alter Zeit überliefert. Ein Tischgebet von der Zeit um 1600 zieht eine Verbindung vom Erdenmahl zur Himmelstafel:

Speis' uns, Vater, deine Kinder,
tröste die betrübten Sünder,
sprich den Segen zu den Gaben,
die wir jetzo vor uns haben,
daß sie uns zu diesem Leben
Stärke, Kraft und Nahrung geben,
bis wir endlich zu den Frommen
an die Himmelstafel kommen.

Die Bitte im „Vater unser" um das tägliche Brot wurde 1887 wie folgt ergänzt:

Gib uns, was wir täglich bedürfen,
was den Körper und die Seele nährt:
Brot und Kraft zum Guten.
Bewahre uns vor Teuerung und drückenden Nahrungssorgen,
ganz besonders aber vor dem Verluste Deiner Gnade.

Neben dem Psalm „Aller Augen warten auf Dich, o Herr…“ war folgendes kurzes Tischgebet üblich:

Alle diese Gaben,
alles, was wir haben,
kommt o Gott von Dir,
wir danken Dir dafür.

Kurz und bündig ist folgender Tischsegen, der in der Eifel überall bekannt war und ist:

Komm, Herr Jesus, sei unser Gast
und segne, was du uns bereitet (bescheret)
hast.

Die Segenswirkung dieses Gebets wurde mit folgenden Versen verdeutlicht:

Herr Jesu komm, sei unser Gast!
Wenn Du das recht gebetet hast,
so schmeckt im Hüttlein oder Saal
das reichste und das ärmste Mahl.

Einen besonderen Segen sprach in der Eifel die Hausfrau aus, wenn sie das erste Gemüse aus dem Garten geerntet und gekocht hatte. Während sie die Schüssel mit dem „Gemüse-Geköch“ auf den Tisch stellte, sprach sie andächtig: „Gott walte es!“ Überall auf dem Land war es Sitte, daß man mit dem Brotmesser an der Unterseite eines Brotlaibs das Kreuzzeichen machte, bevor man das Brot anschnitt.

Strenger Brauch verbot es, nach Tisch vor dem abschließenden Tischgebet aufzustehen. Erst nach dem Dankgebet wurde die Tischgemeinschaft aufgelöst. Mit dem folgenden Tischgebet wurde nachweislich bereits 1589 dem Schöpfer für die guten Gaben gedankt:

Wir danken dir, Herr Jesu Christ,
daß du unser Gast gewesen bist.
Bleib du bei uns, so hat’s nicht Not,
du bist das rechte Lebensbrot.

Beim Essen sollte möglichst nicht gesprochen werden, und Kinder hatten grundsätzlich zu schweigen. Um keine Unterhaltung aufkommen zu lassen, wurde oftmals aus der Bibel vorgelesen. 1854 heißt es darüber: „Nicht allein in den Klöstern, sondern auch in vielen christlichen Familien besteht der fromme und löbliche Gebrauch, daß bei Tische etwas aus einem geistlichen Buche vorgelesen wird. Dieses könnte man besonders an Sonn- und Feiertagen tun."

Inzwischen ist ein gemeinsames, laut gesprochenes Tischgebet selbst bei praktizierenden Christen die Ausnahme, allerdings bemüht man sich, den gemeinschaftsfördernden Brauch wieder aufleben zu lassen. In Gruppen oder in großen Familien faßt man sich zu Beginn eines gemeinsamen Mahls bei den Händen, wünscht sich einen guten Appetit oder spricht einen kurzen Tischsegen: Gesegnete Mahlzeit!

Quellenangaben:

Theodor Wollersheim: Der himmlische Palmgarten des Wilhelm Nakatenus S. J., Köln 1854

Katholischer Katechismus für das Erzbistum Köln, mit oberhirtlicher Approbation, Düsseldorf o. J.

A. Kotte: Der Pilgerstab des katholischen Christen, Köln 1887

Elise Kühn: Haushaltungslehre, Nassau 1908

Peter Kremer: Liebes stilles Eifeldorf, in: Die Eifel 1/1964

Basilius Senger OSB: 75 Tischgebete für die Familie, Kevelaer 1989

Ulrich Stockmyer (Hg): Von deiner Güte leben wir, Tischgebete, Stuttgart 1993

Es hat der Herr hienieden
jedwedes wohlbestellt.
Sei nur mit Dir zufrieden,
so bist Du's mit der Welt.

Eintopfgerichte: „Dörjeneen“ und „Teertisch“

Wenn die Eintopfsuppen auch ein breiartiges Gemisch waren, so mußten sie doch stets so flüssig sein, daß man sie mit dem Löffel essen konnte. In Eintopfgerichten mußte der Löffel stehen bleiben. Während man in der Nordeifel beim Eintopf allgemein von „Dörjeneen“ (Durcheinander) sprach, nannte man die Eintopfgerichte in der Südeifel und im Trierer Raum im Dialekt „Teertisch“. Dieses Wort meint eigentlich das Gewebe Tirtey, das aus zweierlei Einschlag besteht, aus einem Leinen- und einem Wollfaden. Wie für das Tirtey unterschiedliche Fäden miteinander zu einem Stoff verbunden wurden, so wurden in dem Eintopfgericht unterschiedliche Zutaten für ein Gericht miteinander vermischt.

Viele „Eifeler“ Eintöpfe sind anderswo zu Hause. Das Kartoffel-Apfelgericht „Himmel und Erde“ z.B. wird gerne als Eifeler Gericht bezeichnet, obwohl nicht nachgewiesen werden kann, wer ursprünglich Himmel und Erde „durcheinander“ brachte. Die Delikatesse gilt sowohl als rheinische, niederrheinische, aber auch als schlesische Spezialität. Als eifeltypisch kann angesehen werden, daß man früher das Apfel-Kartoffelgemisch mit kleinen, heiß gemachten Blut- und Leberwürsten aus der eigenen Schlachtung verzehrte.

Grüne Eintopfgerichte

Für Eintopfgerichte konnte man nicht nur nehmen was im Garten oder auf den Bäumen wuchs, sondern auch alles Eßbare, was an den Wiesenrändern zu finden war. Dieses sogenannte Heckengemüse brachte bereits zu Frühlingsbeginn frische Vitamine und Mineralstoffe ins Eintopfallerlei. Dabei wußten unsere Ahninnen genau, welches „Heckengrün" eßbar war und wie man dieses zubereiten mußte. Mündlich wurde dieses Wissen von Generation zu Generation weitergegeben.

Himmel und Erde

1 kg mehlige Kartoffeln,
1 Teel. Salz,
1 kg säuerliche Äpfel,
2 Eßl. Zucker,
125 g Räucherspeck,
2 Zwiebeln,
500 g Hausmacher Blutwurst

Die geschälten Kartoffeln in Salzwasser gar kochen, abgießen und sofort zerstampfen. Äpfel schälen, vom Kerngehäuse befreien, in Vierteln schneiden und mit ganz wenig Wasser und dem Zucker musig verkochen. Den Speck auslassen, die Zwiebelringe hinzugeben und hellgelb braten. Den Kartoffelbrei mit dem Apfelmus vermischen und mit dem Schneebesen sehr sahnig ineinander schlagen und abschmecken (notfalls etwas Butter, Milch oder Sahne beifügen). Speck-Zwiebel-Gemisch unterheben, jedoch etwas zum Garnieren beiseite stellen. Die Blutwurstscheiben in Mehl wenden und in dem Speck-Zwiebel-Bratfett pro Seite 2 Minuten braten und auf den Eintopf geben. Das Gericht „Himmel und Erde" mit der beiseite gestellten Speck-Zwiebel-Mischung garnieren und servieren.

Damit jeder die gleiche Portion Blutwurst bekam, wurden einst in großen Familien die Wurstscheiben jedem auf den Teller gegeben und das Kartoffel-Äpfel-Speck-Gemisch darüber verteilt.
Seinen Namen hat das Gericht von den Kartoffeln, den Früchten der Erde, und den Äpfeln, einem Geschenk des

Himmels. Da zur Herstellung des Gerichts Feuer und Wasser nötig sind, haben wir die vier Elemente zusammen, die schon die Griechen kannten: Feuer, Wasser, Luft (Himmel), Erde.

Endivien-Eintopf

1 kg Kartoffeln, Salz, 1 mittelgroße Endivie, 250 g durchwachsener Speck, 1 große Zwiebel, 1/4 l saure Sahne, Muskat, Essig

Die Kartoffeln schälen, waschen, vierteln und in Salzwasser garen. Den Endiviensalat putzen, waschen, in sehr feine Streifen schneiden und gut abtropfen lassen. Den Speck in kleine Würfel schneiden, in einer Pfanne auslassen, die Zwiebelringe darin dünsten, die saure Sahne zugeben und alles unter die zu feinem Püree verarbeiteten und mit Muskat gewürztem Kartoffeln mischen. Den Endiviensalat darunterheben, das Ganze vermischen und mit Essig abschmecken.

Dieses Eintopfgericht ist eine echte Eifeler Spezialität, was durch die volkstümlichen Namen dokumentiert wird: Matschschloot, Schleefschloot, Schlabber-Andieve, Eifel- oder Frühjahrsschmaus, Äerpel mit Schlaat usw.
Zum Matschschloot wurde Speck oder Blutwurst gereicht. Es schmecken dazu aber auch nicht zu hart gekochte Eier. Ein gepelltes Ei wurde früher auf jeden einzelnen Teller gelegt und der Eintopf darüber gegeben, so daß das Ei versteckt war, was bei Kindern immer wieder einen Überraschungseffekt auslöste.

Iß nicht zuviel, sonst wirst Du krank
und halte Maß bei jedem Trank!

Löwenzahn-Eintopf

Der Löwenzahn-„Matschschloot" wird wie der Endiviensalat-Eintopf zubereitet, nur nimmt man statt des Endiviensalats nach dem ursprünglichen Eifeler Rezept Löwenzahn.

Die Zutaten hat eine Eifelerin aus dem Raum Münstereifel folgendermaßen aufgeschrieben: Jewooch wue nix, me heelt miede vom Oochemaaß. Dat bruch me: Jrompere (am Daach vüerher jekauch); afjeschepte Rohm (wenn de Melesch dörsch de Zentrifuch gejange woe); Kettestrüsch, om Feld gestauche (schön jell, nix Jrönes); Öel, dat me jähnt de Raps getuusch hat, Eißisch, Peffe on Salz. Ö paar Lappe Schönk ode Speck – also alles us der Eefel, nur Salz on Peffe woere net us dr Eefel.

Brennesseleintopf

400 g Bratwurst oder Speck,
1 l Wasser,
250 g junge Brennesseln,
1 Zwiebel,
1 kg Kartoffeln,
Salz, Pfeffer

Wurst oder Speck mit 1 l Wasser 30 Minuten leicht kochen. Brennesseln gut waschen, fein hacken, mit der kleingeschnittenen Zwiebel zu der Wurst geben und 15 Minuten lang gut durchkochen lassen. Wurst rausnehmen. Kartoffeln in Salzwasser garen, abschütten und zu den Brennesseln geben. Kartoffel-Brennessel-Gemisch stampfen und mit Pfeffer und Salz abschmecken. Mit der Wurst oder dem Speck servieren.

Junge Brennesseln werden im April-Mai gesucht. Der Eintopf kann mit einigen rohen, mit heißem Wasser abgebrühten und fein geschnittenen Brennesselblättern bestreut werden.

Sauerkraut- und Kohleintöpfe

Kohlarten wurden zunächst in den Feldern gezogen und kamen erst allmählich in die Gärten hinterm Haus. Als Vorbild galten die Klostergärten, in denen Kräuter und Gemüse seit je angebaut wurden. Von einem Besuch im Kloster Steinfeld ist 1838 folgendes überliefert: „Der Baumgarten hat 12 Morgen, ebenso der Kohlgarten. Die Gärtner der Abtei waren berühmt durch ihre Kohlhäupter wie die Capitularen durch ihre Studien; der Steinfelder Kohlsamen wurde weit und breit verschickt."

Jede Hausfrau, sowohl auf dem Lande als in der Stadt, mußte für den Winter vorsorgen. In jedem bäuerlichen Haushalt standen Steinguttöpfe für Weißkohl und Bohnen bereit. Für das Sauerkraut wurden die Weißkohlblätter feingehobelt, schichtweise in das Faß eingefüllt, mit Salz bestreut und fest gestampft. Die Menge des Salzes hatten die Frauen im Gefühl. Eine Handvoll nahmen sie pro Schüssel Weißkohl (genaues Maß: 100 g Salz auf 5 kg Weißkohl). Mit der Beigabe von Wacholderbeeren konnte der Geschmack verfeinert werden. Im Winter gab es dann häufig Sauerkraut, mit dem auch deftige Eintöpfe gekocht wurden. Daß auch der „Kappes"eintopf für 2 Tage gekocht wurde, zeigt das folgende alte Rezept.

Sauerkrauteintopf (Stampes)

5 Pfd. Schweinerippe,
2 Zwiebeln,
1 Eßl. Salz,
8 Wacholderbeeren,
3 Lorbeerblätter,
1/2 Teel. Kümmel,
6 Eßl. Wasser,
5-Liter-Eimer-Kartoffeln,

Für ein 4-Personen-Essen nimmt man ein Fünftel der angegebenen Mengen. Die Schweinerippe wird mit den Zwiebeln, Salz, 5 Wacholderbeeren, den Lorbeerblättern und 1/2 Teel. Kümmel in 2 Liter Wasser 1 3/4 Stunden langsam gar gekocht. Das Fleisch wird herausgenom-

5 Pfd. Sauerkraut,
5 Tassen Weißwein,
Majoran, etwas
Hühnerbrühe

men und in die Brühe werden die geschälten, gewürfelten Kartoffeln gegeben, die man in 20 Minuten gar kocht. In einem anderen Topf kocht man das Sauerkraut mit einer Zwiebel und drei Wacholderbeeren in dem Weißwein weich. Vor dem Anrichten schüttet man die gestampften Kartoffeln und Sauerkraut zusammen, läßt den Eintopf kurz aufkochen und würzt mit Majoran. Etwas Hühnerbrühe schmeckt gut daran. Zum Schluß gibt man das in Würfel geschnittene Fleisch dazu.

Kartoffeln und Sauerkraut muß man getrennt garen, denn Kartoffelstücke werden im Sauerkraut nicht weich, weil die Krautsäure eine Schicht bildet, die das Garwerden der Kartoffeln verhindert.

Trierer Sauerkraut-Teertisch

500 g Sauerkraut,
1 kg Kartoffeln,
Salz,
kleine Blut- und
Leberwürste,
Schnittlauch

Sauerkraut und Kartoffeln getrennt gar kochen. Kartoffeln zu Brei stampfen, das Sauerkraut darunter mischen und beides zusammen nochmals stampfen. Blut- und Leberwürste im Darm in Wasser heiß werden lassen und den Teertisch mit Schnittlauchröllchen bestreut servieren.

Werden statt des Sauerkrauts grüne Stangenbohnen oder weiße Bohnen genommen, so wird das Eintopfgericht „Bunneteertisch“ genannt.

Teertisch mit Eisbein

1 Eisbein,
1 l Brühe,
750 g Sauerkraut,
Moselwein,
Salz, Pfeffer,
1 Zwiebel,
1 Lorbeerblatt,
1 kg Kartoffeln,
Milch,
Speck, Zwiebel

Das Eisbein wird in der Brühe halb gar gekocht. Anschließend wird das Sauerkraut darauf gelegt. Etwas Moselwein zugießen; Salz, Pfeffer, Zwiebel und Lorbeerblatt zugeben und eine Stunde lang kochen lassen. Kartoffeln schälen, in Salzwasser garen und mit heißer Milch zu Püree stampfen. Das Eisbein wird aus dem Sauerkraut herausgenommen und das Fleisch in Portionen geschnitten. Sauerkraut und Kartoffelpüree vermischen, das Fleisch darauf legen. Speck und Zwiebelwürfel anbraten und über den Teertisch geben.

Die Aussprache des Wortes Teertisch ist in der Südeifel unterschiedlich: Tördisch und Tiertisch. Der Sauerkrauteintopf wird auch Gräwes bzw. Cräwes genannt.

Sauerkraut mit weißen Bohnen

200 g weiße Bohnen,
1 kg geräucherte Schweinerippchen,
500 g Sauerkraut,
1 kg Kartoffeln,
1/4 l Milch,
50 g Margarine,
100 g geräucherter Speck,
1 große Zwiebel,
Salz, Pfeffer,
etwas Zucker

Die Bohnen werden über Nacht eingeweicht. Am anderen Tag mit den Rippchen etwa 1 Stunde lang in Wasser kochen. Dann das Sauerkraut hinzufügen und noch etwa 30 Minuten kochen lassen. Kartoffeln schälen, kochen und mit Milch und Margarine zu einem Kartoffelbrei stampfen. In einer Pfanne wird der fette Speck ausgelassen und die Zwiebel darin goldgelb gebraten. Speck-Zwiebel-Gemisch wird zu dem Sauerkraut-Bohnen gegeben und das Gericht mit Salz und Pfeffer und evt. etwas Zucker abgeschmeckt. Rippchen aus dem Sauerkraut-Bohnen hinausnehmen, Sauerkraut-Bohnen und Kartoffelbrei untereinander rühren und mit den Rippchen servieren.

Die Hinzugabe der weißen Bohnen macht das Sauerkraut-Gericht nicht nur herzhafter, sondern auch milder, denn das Sauerkraut gibt einen gewissen Säureanteil an die Bohnen ab. Auch dieser alte Eifeler Eintopf hat mehrere Namen: Stroh und Lehm, Bonne-Strüh, Eifeler Ritterschmaus. Mit Kasseler oder Schweinerippchen (frisch oder geräuchert) zubereitet, galt der Bohnen-Sauerkraut-Eintopf als Sonn- oder Feiertagsessen. An Werktagen wurde er ohne Fleisch oder mit Mettwürstchen auf den Tisch gebracht.

Weißkohl-Bauerntopf

500 g Schweinebauch,
Fett, 2 Zwiebeln,
1 kg Weißkohl,
4 Äpfel,
Salz, Zucker, Paprika,
2 dicke Kartoffeln,
Apfelsaft

Das Schweinefleisch würfeln und in heißem Fett anbraten. Zwiebelringe mitbräunen. Den geschnittenen Kohl, die Äpfel und 1 Tasse Wasser zugeben und mit Salz, Zucker, Paprika würzen. Nach 3/4 Stunden die rohen geriebenen Kartoffeln unterrühren, gar kochen und mit Apfelsaft abschmecken.

Über das Kochen von „weißem Kraut oder Kohl" heißt es in einem alten Kloster-Kochbuch: „Wenn du begierig bist ein Essen von weißem Kraut zu machen, so schneide das Kraut hübsch zottig klein und siede es ab in einem Wasser, doch daß es ja nicht zu weich wird, thue hinein gute Sahne oder Rahm, Zucker, Muskaten, Ingwer, und Zimmet..."

Rotkohl-Durcheinander

1 kleiner Kopf Rotkohl,
1/2 Teel. Salz,
1 Zwiebel,
1 Lorbeerblatt,
Nelke, Essig,
2 Äpfel, Zucker,
750 g Kartoffeln

Den Rotkohl mit den sieben Zutaten (Zwiebel mit Nelken spicken) in einer knappen Stunde garen. Kartoffeln kochen und unter den Rotkohl mischen. Das Eintopfgericht leicht stampfen.

Rotkohl-Eintopf ist überliefert aus dem Aachener Raum.

Wirsingeintopf

125 g durchwachsenen Speck,
400 g gemischtes Hackfleisch,
1/8 l Brühe,
3 große Zwiebeln,
700 g Wirsing,
7 Kartoffeln,
1/4 l Milch,
2 Brühwürfel,
Salz, Pfeffer, Muskat,
4 Tomaten

Speck würfeln, im Topf glasig braten, dann das Hackfleisch zufügen und braten. 1/8 l Brühe zum Ablöschen verwenden. Die Zwiebeln schälen und in Ringe schneiden, den Wirsing putzen, waschen und fein schneiden, die Kartoffeln schälen und würfeln. Zwiebel, Gemüse und Kartoffeln nun zum Fleisch in den Topf geben, die Milch zum Ablöschen benutzen. Den Brühwürfel und evt. noch etwas Wasser hinzufügen, zugedeckt 45 Minuten kochen lassen und mit Salz, Pfeffer und Muskat abschmecken. Die Tomaten überbrühen, schälen und vierteln und beim Servieren auf den Eintopf geben.

Tip aus alter Zeit: Gut bekommt zu diesem Eintopf Eifeler Schwarzbrot und ein Korn oder Steinhäger.

Wirsing-Möhren-Eintopf: Pitter und Jupp

500 g Wirsing,
500 g Möhren,
500 g Kartoffeln,
1 Bund Suppengrün,
40 g Butter,
2 Teel. gekörnte Brühe,
Salz, Pfeffer, Muskat,
4 Mettwürstchen,
2 Bund Petersilie

Den geputzten, gewaschenen Wirsing in feine Streifen schneiden. Die geputzten Möhren und die geschälten Kartoffeln in Würfel schneiden. Das Suppengrün putzen, waschen und zerkleinern. Die Butter in einem Topf heiß werden lassen und den Wirsing darin andünsten. 1/2 l Wasser zugießen und mit der gekörnten Brühe würzen. Möhren, Kartoffeln und das Suppengrün auf den Wirsing legen. Den Eintopf auf kleiner Hitze in 45 Minuten garen. Dann grob zerstampfen und mit Salz, Pfeffer und Muskat würzen. Die Mettwürstchen 10 Minuten in Wasser kochen, in Scheiben schneiden und zu dem Eintopf geben. Mit gehackter Petersilie bestreut in einer vorgewärmten Schüssel servieren.

Im Rheinland und in den Randgebieten der Eifel wird dieser Wirsing-Möhreneintopf „Pitter und Jupp" genannt. Peter und Josef waren einst häufige Namen, aber auch zusammengezogen als Peter-Josef war der Vorname üblich. Hier vermischen sich also Vornamen wie Wirsing und Möhren. „Pitter und Jupp" sind auch aufgewärmt gern am Mittagstisch gesehen.

Haferbrei und rauhe Kräuter machten deutsche Schultern breiter.

Grünkohleintopf

40 g Fett, 2 Zwiebeln,
1/2 l Wasser oder Fleischbrühe,
1 kg Grünkohl,
500 g Kartoffeln,
4 Mettwürste

In Fett die Zwiebeln anbräunen, das Wasser beigießen, zum Kochen bringen und die gewaschenen Grünkohlblätter hinzugeben. 1 Stunde kochen lassen. Die Kartoffeln obenauf legen und nochmals 20 Minuten kochen lassen. Wenn die Kartoffeln gar sind, auf den Schaumlöffel legen und mit einer Gabel zerdrücken und alles untereinander rühren. Die Mettwürstchen 10 Minuten mitkochen lassen.

Wegen seiner Bitterstoffe schmeckt Grünkohl erst, wenn es tüchtig gefroren hat. So wird er hauptsächlich als Wintergemüse genutzt.

Gott schuf den Winter
- und den Grünkohl als Mittel dagegen.

Wurzelgemüse- und Bohneneintöpfe

Möhren durften in keinem Bauerngarten fehlen. In Sand eingebettet, überwinterten Möhren und anderes Wurzelgemüse im Keller. Folgendes mußte dabei beachtet werden: „Rüben, Kartoffeln und andere Wurzelfrüchte bringt man gut trocken in den Keller, macht auf dem Boden eine Lage Asche von Kohlen, Stein- oder Torfkohlen, darauf eine bis 3 Fuß hohe Schicht Rüben, darüber und dazwischen wieder Asche und so fort, bis die Asche die Rüben ganz bedeckt und sie vor dem Einfluß der Luft, der Kälte und Feuchtigkeit schützt."

Nach altem Eifeler Bauernglauben machen Möhren (wie Erbsen) klug, weswegen Mütter und Großmütter ihre Kinder bzw. Enkel stets mit Möhren vollstopfen wollen. Noch wirkungsvoller soll die Möhrenkraft sein, wenn das Wurzelgemüse bei Vollmond gesät wird. Dann sollen die Möhren besonders dick werden und bestens geeignet für Eintöpfe sein.

Möhren-Untereinander

500 g frische Schweinerippchen, Salz, Pfeffer, Fett, 2 Zwiebeln, 750 g Kartoffeln, 75 g Butter, 1/4 l Milch, Muskat, 500 g Möhren, Zucker, Curry, Petersilie, 1/4 l Sahne

Rippchen mit Salz und Pfeffer würzen und in wenig Fett gut anbraten; die in Ringe geschnittenen Zwiebeln mitbräunen. Mit Wasser angießen und langsam schmoren lassen. Aus Kartoffeln, Butter, Milch und Muskat einen lockeren Kartoffelbrei herstellen. Die Möhren würfeln und mit Salz, Zucker, etwas Curry und reichlich Petersilie in etwas Butter und Wasser garen. Möhren und Kartoffelbrei mischen und mit der Sahne verfeinern.

Auch hierzu kann man eine Speck-Zwiebel-Soße herstellen und über das „Möhren-Untereinander-Gericht“ geben. In der Eifel wurden anstelle der Kartoffeln auch Graupen (decke Jäersch) genommen. Zu Möhreneintopf schmeckt Schweinebauch oder Hammelfleisch.

Schusterpfanne

6 Kartoffeln,
1 Stange Lauch,
250 g Möhren,
2 große Birnen,
1/2 l Brühe,
Salz, Pfeffer, Petersilie

Kartoffeln schälen und kleinwürflig schneiden. Lauch putzen und halbieren. Möhren und Birnen schälen, waschen und ebenfalls halbieren und würfeln. Alles zusammen in 1/2 l Brühe 20 Minuten kochen lassen und mit 1 Teel. Salz, 1 Prise Pfeffer und etwas Petersilie abschmecken. Dazu reicht man Hackfleisch, das man gewürzt in einer Pfanne brät.

Ob das Gericht besonders bei den Schustern beliebt war, ist nicht bekannt. Da die Schuster einstens nicht gerade mit irdischen Gütern gesegnet waren, will der Begriff wahrscheinlich aussagen, daß es sich um ein Gericht handelt, das nur wenig kostet. Als zu Beginn des 18. Jahrhunderts die Bäcker erstmals Brötchen ihren Kunden anboten, stellten die Berliner Bäcker billige Roggenbrötchen her, die sich auch die Lehrlinge der Schuhmacherzunft leisten konnten. Diese Brötchen wurden mit Schmalz bestrichen und im Volksmund „Schusterjungen“ genannt.

Teuer ist die War;
und das Geld ist rar.
Spar!

Möhren und weiße Bohnen

200 g weiße Bohnen,
375 g Bauchspeck,
500 g Möhren,
500 g Kartoffeln,
Butter, 1/4 l Milch,
2 Eßl. Margarine,
Salz, Essig, Zucker,
1 Zwiebel, Petersilie

Die am Abend zuvor verlesenen und kalt eingeweichten weißen Bohnen werden am anderen Morgen im Einweichwasser mit dem Bauchspeck weichgekocht. Inzwischen kocht man die geputzten und in Würfel geschnittenen Möhren sowie die Kartoffeln. Die Kartoffeln werden mit Butter und Milch zu Püree gestampft. Man schneidet das Fleisch klein und mischt dieses und das Gemüse unter den Kartoffelbrei. Man schmeckt mit Salz, Essig und Zucker süßsäuerlich ab und überstreut das Gericht mit der in Margarine gerösteten kleingeschnittenen Zwiebel und Petersilie. Passende Fleischbeigaben: Bratwurst oder Siedewürstchen.

Tip aus alter Zeit: Das Möhrenwasser nicht wegschütten, sondern in den Eintopf einrühren. Wer das Gericht nicht süßsauer mag, läßt den Essig weg und schmeckt stattdessen mit Sahne oder Buttermilch ab.
Für die Bekanntheit und Beliebtheit dieses Gerichts sprechen die vielen volkstümlichen Namen: Doller Jakob (Kobes), dolle Girett, Möhrenpuspas und Gold und Silber. Bei dem letzten Namen stehen die Möhren für Gold (Murre-Gold) und die weißen Bohnen für Silber. Das Bohnen-Möhrengericht galt als gutes, leckeres und gesundes Sonntagsessen.

Iß mit Bedacht und Andacht!

Steckrüben-Eintopf

1 kg Steckrüben (gelbe Möhren), 500 g Kartoffeln, Salz, Butter, Milch, 200 g Speck, 1 Zwiebel, Pfeffer, Kümmel

Die grob geraspelten Steckrüben in 1 bis 1 1/2 Stunden gar kochen. In einem anderen Topf die Kartoffeln mit Salz garen, mit Butter und heißer Milch zu Kartoffelbrei verarbeiten und diesen unter die Steckrüben rühren. Speck ausbraten, die Zwiebel rösten und Speck und Zwiebel über das Eintopfgericht geben und mit Pfeffer und Kümmel abschmecken.

Zum Steckrübeneintopf schmeckt Hammelfleisch. Früher sagte der Volksmund, daß die Herrschaften Hammelfleisch mit Rüben äßen, während die Knechte Rüben mit Hammelfleisch aufgetischt bekämen, also die Rüben überwogen.

Fitschbohnentopf

250 g durchwachsenen Speck, 2 Lorbeerblätter, 1 Bund Suppenkraut, 500 g Kartoffeln, 750 g Fitschbohnen, Salz, Pfeffer, Zucker, Dosenmilch oder Sahne, Butter

Speck, Lorbeerblätter und das Suppenkraut ca. 40 Minuten kochen lassen. Die geschälten, gewürfelten Kartoffeln 20 Minuten mitgaren lassen. Fitschbohnen (frisch oder aus dem Glas) zum Speck-Kartoffel-Gemisch geben und alles zusammen weiter erhitzen. Ist alles gar, den Speck herausnehmen, in Stücke schneiden und wieder in den Bohneneintopf mischen. Mit Salz, Pfeffer und einem gestrichenen Teel. Zucker abschmecken und mit einem Schuß Dosenmilch oder Sahne und einem Stich Butter verfeinern.

Grüne Bohnen enthalten im rohen Zustand ein Gift und dürfen deshalb nur gekocht gegessen werden. Wenn sich die Bohnen schlecht abziehen lassen, legt man sie kurz in kochendes Wasser.

Grüne Bohnen mit Hammelfleisch

750 g Hammelfleisch, 1 Eßl. Fett, 1 Zwiebel, Salz, Pfeffer, 1 kg Kartoffeln, 1 kg Schnittbohnen aus dem Glas, Petersilie

Das Fleisch in große Würfel schneiden und im heißgemachten Fett mit der Zwiebel scharf anbraten. Salz und Pfeffer beifügen, so viel kochendes Wasser zugießen, bis das Fleisch bedeckt ist und 1 Stunde kochen lassen. Nun die in Scheiben geschnittenen Kartoffeln hinzugeben und nach weiteren 20 Minuten Kochzeit die Bohnen mit dem Gemüsewasser dazuschütten und nochmals kurz aufkochen lassen, durchmischen, mit Salz abschmecken und mit fein gehackter Petersilie bestreuen.

Statt Hammelfleisch kann Rind- oder mageres Schweinefleisch genommen werden.

Buttermilch-Bohneneintopf

500 g Stangenbohnen, Wasser, Salz, 500 g Kartoffeln, 1/2 l Buttermilch, Pfeffer

Die Stangenbohnen abziehen, schnippeln oder in 2 cm lange Streifen schneiden. Mit 2 Tassen Wasser und etwas Salz garen. Die geschälten Kartoffeln mit Salz kochen, zerstampfen und zu den Bohnen geben. Die Buttermilch darunter rühren, heiß werden lassen, aber nicht mehr aufkochen. Die „Bottermelchsbunne“ servieren und bei Tisch mit Pfeffer bestreuen.

Eintopf aus sauren Bohnen

1 kg saure Bohnen,
50 g geräucherten Speck,
1 Zwiebel,
500 g Kartoffeln,
Butter, Sahne, Muskat

Die Bohnen (früher selbst in einen Steintopf eingelegt, heute zu kaufen) in der Flüssigkeit nicht zu weich kochen. Den Speck auslassen, die in Ringe geschnittene Zwiebel hinzugeben und anbraten. Dazu werden die gekochten Bohnen gegeben und vermengt. Die Kartoffeln werden gar gekocht und unter Hinzugabe von Butter, Sahne und Muskat zu einem Kartoffelbrei zerstampft und zu dem Bohnentopf gegeben. Zu dieser Eifeler Spezialität können Schweinebraten, Rippchen oder Mettwürste gereicht werden.

Aus dem Jahre 1896: Eines Tages hatte die Lehrerin einer Mädchenklasse einen Aufsatz anfertigen lassen, der das ungewöhnliche Thema behandelte: „Das Einmachen der Schneidbohnen". Kaum hatten die Schülerinnen ihre Arbeit fertig, als es an der Schultür anklopfte und ein könglicher Schulrat zur Revision eintrat. Die Lehrerin geriet beim Anblick ihres Vorgesetzten und beim Gedanken an das eigentümliche Aufsatzthema in die größte Bestürzung. Da die Hefte noch offen lagen, glaubte sie gewiß bei Durchsicht der letzten Arbeit einen Verweis zu erhalten. Allein der ernste Gesichtsausdruck des hohen Regierungsbeamten verschwand sogleich beim Durchlesen des Aufsatzes über das Einmachen der Schneidbohnen und machte einem freudigen Lächeln Platz. Anstatt eines Tadels wurde der praktischen Erzieherin ein Lob zu Teil und dieselbe ermuntert, in Zukunft bei Auswahl des Unterrichtsstoffes für Mädchen solche praktischen Sachen weiter zu berücksichtigen.

Tischsitten am blankgescheuerten Küchentisch

Das Essen mit den Fingern war bis vor Jahrhunderten allgemein üblich und war manchmal eine recht langwierige Sättigungsart. So klemmte zum Beispiel Karl der Große die Kichererbsen, die seine Leute ihm servierten, Stück für Stück zwischen Daumen und Zeigefinger und schob sie dann in den Mund. Metallene Messer und hölzerne Löffel wurden jedoch bereits vor 7000 Jahren benutzt. Dabei besaß jeder seine eigenen Eßgeräte, die er stets bei sich trug. Noch bis zum vorigen Jahrhundert brachte jeder Eifeler sein eigenes Messer mit zu einer Familienfeier oder zur Kirmes im Nachbardorf: „Die ältesten Leute erinnern sich noch, daß jeder Gast sein Taschenmesser – meist das sogenannte belgische mit besonders starker Klinge – als Tafelmesser benutzte und sich sonst mancherlei bei Tisch erlaubte, was heute (1900) einer etwas feineren Art gewichen ist, obschon auch heute noch die Eifeler weniger auf feines Benehmen als auf ein ordentliches Stück Fleisch Wert legen und allzu scharfe Messer und überklare Suppen den Städtern überlassen."

Die Gabel kam um 1000 n. Chr. über Byzanz nach Europa. Die Geistlichkeit war mit dieser neuen Errungenschaft zunächst überhaupt nicht einverstanden und verkündete von der Kanzel, der Gebrauch einer Gabel sei Sünde, denn schließlich habe Gott dem Menschen seine Finger zum Essen gegeben. Doch bald sah die Geistlichkeit die Vorteile der Gabel ein und benutzte nun eifrig das neue „Instrument", das erst allmählich Einzug in ländliche Haushalte fand.

Einzelne Teller für jeden waren in den ersten Jahrzehnten dieses Jahrhunderts längst nicht immer und überall üblich. Suppe kam in einer großen Schüssel auf den Tisch, und jeder langte mit seinem Löffel zu. Bis vor Jahrzehnten war es in der Eifel üblich, daß Pellkartoffeln auf die frisch gescheuerte

Tischplatte geschüttet wurden und jeder sich mittels Gabel bediente. Die Kartoffeln wurden dann geschält und in einem Salzgefäß gewürzt. Auch gab es Tischplatten mit einer Mulde, in die Quark oder eine Soße eingefüllt werden konnte.

1820 schrieb Hugo Friedrich Schwickerath, Pfarrer in Waxweiler, den „Versuch einer Anstandslehre für Volksschulen". Dieser „Bauern-Knigge" sollte den Eifelburschen (von Mädchen ist nicht die Rede) feines Benehmen beibringen. Auch über die Ernährung und über Sitten beim Essen ist einiges aus dem Bauern-Knigge zu erfahren. Für morgens wurde eine Suppe „als das beste Frühstück" empfohlen. Den Kindern wurde ans Herz gelegt: „Näschereien, als Backwerk, Obst(!) usw., dürfen nicht zur Schule getragen werden; das Essen schickt sich nicht auf der Straße und noch weniger in der Schule."

Die Tischsitten schienen dem Autor des „Bauernknigges" reformbedürftig: „Laß dich durch das Beispiel roher Menschen nicht verleiten, während dem Essen Hut und Mütze auf dem Kopfe zu behalten. Fasse den Löffel, die Gabel und das Messer nicht mit der ganzen Hand, sondern mit drei Fingern; zieh keines von diesen Stücken, wenn etwas von Speisen daran hängen bleibt, durch den Mund. Mit den Fingern oder mit der Speise in das Salzgefäß fahren, ist unschicklich; an den Knochen nagen, ungezogen. Knochen, Gräten und Obstschalen dürfen nicht unter den Tisch geworfen werden. Die Zähne von darin steckenden Fasern mit dem Messer oder der Gabel zu reinigen, ziemt sich nicht. Das Kämmen auf Tischen, worauf gespeist wird, gehört zu den abscheulichsten Rohheiten, die unter Landleuten vorkommen. Es ist der Würde des Menschen zuwider, wenn das Tier mit ihm seinen Fraß aus einem Geschirr erhält und ganz und gar unschicklich, wenn Eßgeräte dem Tiere zum Ablecken hingestellt werden."

Im Haushaltungsunterricht (1881) erhielten dann die Mädchen ihre Anstandsregeln, denn „eine Hausfrau, die ihren Tisch in Ehren zu halten weiß und beim Essen den Anstand und die Gemütlichkeit zu fördern versteht, macht ihren Tisch zu einem stets fließenden Quell häuslichen Glückes." Auf folgendes sollte u.a. geachtet werden: „Beim Essen nehme man den Mund nicht zu voll, nehme keine zu heißen Speisen, trinke nicht, so lange man den Mund voll Speisen hat, mache beim Essen kein Geräusch mit der Zunge und den Lippen, öffne beim Kauen den Mund nicht zu weit, esse nie zu hastig oder zu gierig." Anders ausgedrückt lautet diese Benimmregel: „Bei Tisch stopft man nicht wie ein Fuhrmann und schmatzt nicht wie ein Schweinchen."

Um einen gepflegten Tisch waren Frauen schon sehr früh bemüht. Bereits von 1500 ist überliefert, daß bei der Bewirtung von Schultheiß und Vogt „der Disch mit einem weißen Dichtuch" gedeckt wurde. Die Mädchen wurden im vorigen Jahrhundert wiederholt dazu angehalten, ein Tischtuch zu benutzen: „Ein ungedeckter Tisch ist nicht passend auch für eine Familie in dürftigen Verhältnissen. Ist auch das Tischtuch nur von grobem Zeug, das Mittagessen schmeckt ganz anders, wenn's auf sauber gedecktem Tische präsentiert wird." Wenn man in der Vergangenheit auf das Tischtuch verzichtete, so steckte dahinter der Gedanke an die Mühe, die das Waschen und Bügeln der Tischwäsche machte. Doch auch da bekamen die Mädchen in den Haushaltungsschulen gute – oder zumindest gut gemeinte – Ratschläge: „Um das Tischtuch zu schonen und länger rein zu halten, lege man in die Mitte ein Stück Wachs- oder Ledertuch und unter heiße Suppen- und Gemüseschüsseln ein Strohgeflecht (15 Pfg.). Achten die am Tische Speisenden darauf, das Tuch schön sauber zu halten, indem sie Messer und Gabel auf ein Stückchen Brot und nach dem Gebrauch auf den Teller legen, so kann ein Tischtuch 14 Tage aushalten, ehe es in die Wäsche zu kommen braucht."

Später legte man mehr Wert auf die Feinheiten. Um 1930 schrieb eine Haushaltsschülerin aus der Südeifel über das Tischdecken in ihr Merkheft: „Beim Auflegen des Tischtuches mittlere Bügelfalte genau in der Mitte, oben und unten gleich viel überhängen lassen, vorher nötige Anzahl Teller und Bestecke zurecht legen. Zum Mittagstisch flache Teller alle einsetzen, mit der Tischkante gleich oder 1/2 Zentimeter entfernt, gegenüberstehende gleich. Die Suppenteller werden an den Platz der Hausfrau gesetzt; das eigentliche Besteck: Messer rechts, Gabel links, Löffel quer über den Teller; Wassergläser rechts über dem Teller."

Das galt natürlich für eine Festtafel. Der Alltagstisch sah anders aus. Da gab es noch bis in unsere Zeit hinein nur den Suppenteller, aus dem alles gegessen wurde: Zuerst die Suppe, dann das Hauptgericht und schließlich – egal ob es nun Sauerkraut oder Heringe gegeben hatte – der Nachtisch. In vielen Eifelfamilien war es jedoch Brauch, daß stets Brotscheiben bereit standen, mit denen man den Teller zwischen den einzelnen Gängen säubern konnte.

Aufgabe der Haus- und Ehefrau war es, den Mann bei Laune zu halten: „Kommt der Mann mit trüber Laune und schweren Sorgen zu Tische, dann suche sie gewandt und recht liebevoll die Unterhaltung auf Dinge zu lenken, wovon der Mann sie gerne plaudern hört und biete überhaupt alles auf, ihn zu erheitern; hüte sich aber ja vor einem Wortwechsel oder Disput, der ist immer, aber erst recht beim Essen, vom Bösen. Der Zank oder auch nur Ärger und Zorn benehmen der besten Mahlzeit allen Wohlgeschmack, alles Angenehme und stören die Verdauung in der empfindlichsten Weise."

Aber auch in unserer Zeit werden Frauen ermahnt, bei Tisch für Friede, Freude, Pfannekuchen zu sorgen. In einem Bericht von 1975 heißt es: „Kluge Hausfrauen vermeiden kritische Gespräche am Tisch, verschieben notwendige häusliche Mitteilungen bis zu einer gelegeneren Stunde und lassen auch heikle Schulfragen beim Mittagessen undiskutiert. Sie wissen, daß nicht nur der häusliche Frieden, sondern auch der Appetit durch ärgerliche Tischgespräche gestört wird.“

Heute spricht man von einer „Entritualisierung der Eßkultur“, denn die Hektik läßt für genüßliches Essen am Werktag wenig Zeit und Muße. Man bemüht sich jedoch, Tischsitten bei einem gemeinsamen Mahl zu beachten. Tischschmuck, Kerzen und farbenfrohes Porzellan schaffen die beim Essen so wichtige entspannende Atmosphäre. „In“ ist es, zum Abschalten am Wochenende in ein Lokal speisen zu gehen, was vor Jahrzehnten nur bei einer Sommerfrische vorstellbar war. Das Tischgespräch hat dabei besondere Bedeutung. Worüber man jedoch nicht sprechen soll, hat schon der heilige Augustinus seinen Gästen nahegelegt:

Quellenangaben:

Das Häusliche Glück. Vollständiger Haushaltungsunterricht nebst Anleitung zum Kochen für Arbeiterfrauen, M. Gladbach und Leipzig 1882

Dr. Irene Berger: Alles für ihn!, Salzburg 1961

Hermann Jung: „Schau nicht nachts in fremde Fenster“, in: Eifel Jahrbuch 1974, Seite 142

German Franzen: Alte moselländische Eßgewohnheiten, in Eifel Jahrbuch 1985, Seite 77

Josef Berg, Elizabeth Schuler: Die Frau von heute, Stuttgart o. J.

Bei den Mahlzeiten braucht man Frieden, in: Trierischer Volksfreund 30./31.8.1975

Anita Homolka, Zück die Finger und iß, Frankfurt 1989

Wer gern von anderen Böses spricht,
der sitze hier zu Tische nicht.

Aufläufe, mal pikant, mal süß

Aufläufe standen in der Vergangenheit häufig auf dem Speisezettel und haben inzwischen wieder ihren Platz in den Küchen erobert. Aufläufe können der Resteverwertung dienen, können aber auch recht anspruchsvolle Zutaten fordern. Im klassischen Auflauf werden die Zutaten abwechselnd geschichtet. Das erinnerte die Menschen an den Holzstapel an den Richtstätten, so daß dieses Backofengericht auch „Scheiterhaufen" genannt wurde. Hatte die Hausfrau vor einem Fest den ganzen Tag „Taaten" gebacken, dann gab es abends oft einen Auflauf, z.B. einen Brotauflauf, wobei man den heißen Backofen gut nutzen konnte.

Pikante Aufläufe

Pikante Aufläufe konnten Gemüse und Kartoffeln, Nudeln oder Brot enthalten. Man genoß es, wenn etwas Fleisch im Auflauf zu finden war. Die Auflaufform wurde zum gemeinsamen Essen auf den Tisch gestellt, und jeder griff mit seiner Gabel oder seinem Löffel in die Speise. Jeder sollte aber an „seiner" Ecke der Schüssel bleiben. Zielte jemand z.B. nach einem Speckstückchen seines Tischnachbarn, wurde er vom Hausherrn zurechtgewiesen: „Bleib an deiner Stelle!"

Nudel-Schinken-Auflauf

250 g Nudeln,
2 l Wasser, Salz,
250 g gekochter Schinken,
1/4 l Milch, 1 Ei,
Salz, Muskat,
Stärkemehl,
Paniermehl, Butter

Die Nudeln bißfest in Salzwasser gar kochen, auf ein Sieb abgießen, abtropfen lassen und mit dem kleinwürflig geschnittenen Schinken schichtweise in eine gefettete Auflaufform füllen, oberste Schicht Nudeln. In die Milch das Ei, Salz nach Geschmack, eine Prise Muskat und eine Messerspitze Stärkemehl verquirlen, über den Auflauf schütten, diesen mit Paniermehl bestreuen und mit Butterflöckchen belegen. Backzeit im vorgeheizten Backofen etwa 30 Minuten bei 225-250°, ca. 10 Minuten im ausgeschalteten Backofen nachgaren.

Dieser Nudel-Schinkenauflauf wurde allgemein „Schinkenbegräbnis“ genannt. Die „Dampfnudeln“ stellte man dabei selbst her. Statt des Schinkens wurden auch Fleisch- oder Gemüsereste, Speck- oder Wurstscheiben sowie Pilze oder Tomaten in den Auflauf „begraben“. Gab man noch einige übriggebliebene Kartoffeln dazu, hatte man tatsächlich einen Reste-Auflauf. Eine Lage geriebenen Käse gibt dem Auflauf einen pikanten Geschmack.

Schinken-Quarkauflauf

90 g Butter, 3 Eier,
1/4 l Milch,
500 g Magerquark,
125 g Grieß,
125 g roher Schinken,
Salz, Pfeffer, Paprika,
1 Knoblauchzehe,
Weckmehl, Butter

Die Butter mit dem Eigelb schaumig rühren und die Milch dazurühren. Quark, Grieß und den in kleine Würfel geschnittenen Schinken hinzufügen und alles gut vermischen. Mit etwas Salz, Pfeffer, Paprika und einer zerdrückten Knoblauchzehe würzen. Die Eiweiß auf einer flachen Schüssel so steif schlagen, daß man die Schüssel umwenden kann. Eiweiß unter die Auflaufmasse heben und diese in eine gefettete Auflaufform füllen. Weckmehl darüber streuen und Butterflöckchen aufsetzen. 60 Minuten backen.

Kohlrabi-Möhren-Auflauf

4 Kohlrabi,
250 g Möhren,
1/4 l Sahne,
1 Eigelb,
Salz, Pfeffer, Muskat,
Küchenkräuter,
100 g geriebener Käse

Kohlrabi und Möhren kleinschneiden und in eine gefettete Auflaufform schichten. Sahne mit Eigelb verrühren, die Gewürze und passende Küchenkräuter nach Geschmack hinzufügen und die Flüssigkeit über das Gemüse gießen. Im Backofen bei 200° zugedeckt 45 Minuten backen lassen, dann aufdecken, den Käse über den Auflauf streuen und ohne Deckel nochmals für 10 Minuten in den Backofen stellen.

Variante: Kohlrabi und Möhren in einem Kochtopf kurz blanchieren und erst dann überbacken. Die Backzeit verringert sich um 15 Minuten. Für diesen Gemüseauflauf eignen sich auch Blumenkohl, Rosenkohl, Sellerie, Spargel, Spinat und Wirsing. Man kann Scheiben hart gekochter Eier einschichten.

Buchweizen-Käse-Auflauf

250 g Buchweizen,
Gemüsebrühe,
3 Eier,
Salz, Pfeffer,
200 g geriebener Käse

Den grob geschroteten Buchweizen 2 Stunden einweichen. Dann in kochende Gemüsebrühe geben (1 Tasse Buchweizen auf drei Tassen Brühe). 25 Minuten auf Sparflamme garen (wie Reis). Den Buchweizenbrei mit den Eigelb legieren und mit Salz und Pfeffer abschmecken. Steifgeschlagenes Eiweiß unterziehen. Den Brei in eine gefettete Auflaufform füllen, mit dem Käse bestreuen und bei 200° im vorgeheizten Ofen in 30 Minuten goldbraun überbacken.

Saftiger wird der Auflauf wenn man eine Schicht Sauerkraut und einige Ananasstückchen in den Buchweizenbrei einschichtet. Ein Urteil sagt über diese Variante: „Schmeckt köstlich und hat eine durchgreifend anregende Wirkung auf die Arbeit des Darmes."

Brotauflauf pikant

6 Scheiben Brot (Weiß-, Grau- oder Schwarzbrot), 6 Scheiben (150 g) Schmelzkäse, 1/2 l Milch, Salz, Paprika, Curry, 2 Eier, Butter

Den Boden einer breiten, gefetteten Auflaufform mit den zerteilten Brotscheiben belegen. Die Käsescheiben kleinschneiden und darüber verteilen. Die Milch mit Salz, Paprika und Curry und den 2 Eigelb verquirlen. Die Hälfte dieser Flüssigkeit über die Weißbrot-Käse-Masse gießen und gut 1/2 Stunde stehen lassen. Dann das Eiweiß zu Eischnee schlagen, unter die restliche Milch heben und damit den Auflauf auffüllen. Butterflöckchen aufsetzen und auf die untere Schiene im vorgeheizten Backofen einschieben. 30 Minuten bei 210-225° backen lassen. Da der Auflauf sehr hoch „aufläuft", beim Herausnehmen aus dem Ofen aber etwas zusammenfällt, muß man ihn schnell auftragen. Salat als Beigabe.

Auch bei den Aufläufen verzichtete man in der Eifel nicht auf die heiß geliebte Speck-Zwiebel-Soße. So kann auch der pikante Brotauflauf damit angereichert werden.

Süße Aufläufe

Noch beliebter als die pikanten Aufläufe waren die süßen Aufläufe, die gerne abends gegessen wurden. Frisches und eingemachtes Obst, Nudeln und Reis, altbackenes Brot und Kartoffeln, alles wurde für die warme Süßspeise verwendet. Das Grundrezept „Auflauf im Backofen" lautet in seiner alten Form folgendermaßen: „Auf ein Viertelliter Rahm nehme man das Gelbe von 5 Eiern, 2 Löffel Mehl und 120 Gramm gestoßenen Zucker und verrühre dies. Dann schlage man das Weiße der Eier zu Schnee, vermische diesen leise mit dem Teig, thue ihn in eine Form und backe ihn im Ofen."

Sagoauflauf

1 1/2 l Milch, Salz,
375 g Sago,
100 g Butter,
100 g Zucker,
Vanillezucker,
3 Eier,
50 g Sultaninen

Milch etwas salzen und zum Kochen bringen, den Sago zulaufen lassen und so lange kochen, bis er gläsern erscheint. Auskühlen lassen. Butter, Zucker, Vanillezucker und die Eidotter schaumig rühren. Den Sagobrei, die Sultaninen und zwei steif geschlagene Eiweiß darunter geben, in eine gefettete Auflaufform füllen und 45 bis 60 Minuten bei guter Hitze backen. Wenn der Auflauf goldbraun ist, das dritte Eiweiß schlagen, etwas süßen und auf den Auflauf geben. Nochmals kurz backen lassen.

Das gleiche Rezept gilt für Graupen-, Grieß-, Grünkern-, Haferflocken- und Milchreisauflauf. Es kann eine Lage Obst eingefügt werden: Beeren, Aprikosen, Birnen, Kirschen usw.

Rhabarberauflauf

1 kg Rhabarber,
150 g Zucker,
Zitronensaft,
50 g Margarine,
200 g Zwieback,
2 P. Vanillezucker,
2 Eiweiß

Den Rhabarber waschen, in etwa 2 cm lange Stücke schneiden, mit der Hälfte des Zuckers (3 Eßl.) bestreuen und zum Saftziehen etwas stehen lassen. Dann langsam erhitzen, zugedeckt gardünsten und abkühlen lassen. Mit etwas Zitronensaft würzen. Die Margarine in einer Pfanne zerlassen und den zerbröckelten Zwieback hinzufügen. Den restlichen Zucker einstreuen und unter Rühren mitbräunen. Zwiebackgemisch und Rhabarberkompott abwechselnd lagenweise in eine gefettete Auflaufform schichten. Das Eiweiß steif schlagen, mit dem Vanillezucker süßen und gleichmäßig auf den Rhabarberauflauf streichen. Den Auflauf in den Backofen geben, bei 220° ca. 15 Minuten backen, bis der Eischnee goldgelb ist.

Nach altem Volksglauben soll man nach dem Johannistag (24. Juni), also zur Zeit der Sommersonnwende, keinen frisch-geernteten Rhabarber mehr essen. Dieser Ansicht tritt man aber auch entgegen: „Ein großer Irrtum besteht in dem Glauben, Rhabarber nur im Frühjahr zu verwenden. Läßt man die Staude nicht zur Blüte kommen, düngt und gießt reichlich, so liefert der Rhabarber ständig frische Stangen für die Küche bis in den Herbst."

Johannisbeer-Quarkauflauf

500 g Johannisbeeren,
150 g Zucker,
4 Eier,
1 P. Vanillezucker,
500 g Quark,
3 Eßl. Semmelbrösel,
30 g Butter

Die Johannisbeeren waschen, abtropfen lassen, von den Stielen zupfen und mit 100 g Zucker mischen und etwas durchziehen lassen. 4 Eigelb mit 50 g Zucker und dem Vanillezucker schaumig rühren und nach und nach den Quark unterrühren. Eiweiß zu Schnee schlagen und unter die Quarkmasse heben. Die gezukkerten Johannisbeeren in eine gefettete, mit Semmelbröseln ausgestreute Auflaufform füllen, die Quarkmasse darüber verteilen und die Oberfläche glattstreichen. Butterflöckchen daraufsetzen und bei 200° im vorgeheizten Backofen 40 Minuten backen.

Als Obst eignen sich auch Stachelbeeren, Äpfel, Aprikosen und Pflaumen. Auch mit Nudeln war früher ein süßer Quarkauflauf sehr beliebt. Den „Klatschkies" stellte man selbst her.

Apfel-Brot-Auflauf

8 Brötchen,
ca. 3/4 l Milch,
175-200 g Zucker,
4 Eier,
5-6 Äpfel,
Zwieback, Zucker,
Butter

Brötchen zerkleinern und in heißer Milch einweichen. Zucker und Eigelb schaumig rühren, Eiweiß schlagen. Alles unter die mit einem Schneebesen verrührten Brötchen mischen. Die Hälfte in eine Auflaufform geben, darauf die in dünne Scheiben geschnittenen Äpfel (evt. ein paar Rosinen dazu). Darüber die andere Hälfte des Teigs. Mit geriebenem Zwieback, Zucker und Butterflöckchen garnieren. 60 Minuten bei 200° backen.

Für diesen Auflauf nahm man auch altes Schwarz- oder Weißbrot (250 g). Da man die Zutaten alle im Hause hatte, brauchte man früher nichts hinzuzukaufen. So konnte selbst der ärmste Bettelmann sich diesen süßen Brotauflauf leisten, den man daher auch „Bettelmann“ nannte.

Schokoladenauflauf mit Grieß

120 g Grießmehl,
1/2 l Milch,
150 g Zucker,
120 g geriebene Schokolade,
4 Eier

Die alte Anleitung lautet: Man kocht 120 Gramm Griesmehl in einem halben Liter Milch zu steifem Brei, fügt 150 Gramm Zucker, 120 geriebene Chokolade hinzu und nach dem Erkalten 4 Eigelb, sowie den Schnee der 4 Eiweiß. Dann backt man den Auflauf eine gute halbe Stunde lang.

Bei den süßen Aufläufen sparte man nicht mit Eiern, so wurde ein Rum-Grießauflauf mit 5 Eiern zubereitet. Jeweils sechs Eier wurden empfohlen für einen Rahm-Mehlauflauf, einen Vanilleauflauf und einen Zitronenauflauf.

Kartoffel-Topfkuchen (süß)

1 kg gekochte Kartoffeln,
4-5 Eier, 1/4 l Rahm,
Zucker,
Zitronenschale,
Butter, Paniermehl

Die Zubereitung von 1857: 7 oder 8 weich gekochte Kartoffeln laß kalt werden, reibe sie und verrühre sie mit vier bis fünf Eidottern, einem viertel Liter Rahm, Zucker bis es süß genug ist und der abgeriebenen Schale einer Citrone. Darunter rühre langsam das zu Schnee geschlagene Weiß der Eier und backe es in der mit Butter bestrichenen und mit Weckmehl bestreuten Form.

Kartoffelaufläufe

Fragt man nach einem eifeltypischen Gericht, so kommt prompt die Antwort: Kartoffel-Topfkuchen. Besonders der Auflauf aus rohen, geriebenen Kartoffeln war in der Eifel wie im Rheinland äußerst beliebt. Für die Volkstümlichkeit des Kartoffel-Topfkuchens sprechen auch hier die unterschiedlichen Namen, mit denen man ihn in der Eifel und im Rheinland taufte: Kesselkuchen, Döppekooche, Deppelappes, Diejelskoochen (Tiegelkuchen), Dijelsknall, Jüdd, Kuggel, Eifeler Scholes. Am besten schmeckt der Döppekooche, wenn er in einem gußeisernen „Döppe" gebacken wird, ansonsten kann ein Tiegel oder eine feuerfeste Auflaufform genommen werden. Die Variationen des Kartoffel-Topfkuchens sind zahlreich, und jeder hatte früher seine spezielle Spezialität des Hauses.

Zwei Stunden soll der „rohe" Kartoffelkuchen lt. altem Eifeler Rezept im Ofen garen. In der gleichbleibenden Wärme von Elektro- oder Gasherd läßt sich die Backzeit aber um mindestens eine halbe Stunde reduzieren. Die Gratins mit gekochten Kartoffeln brauchen weniger Backzeit und sind daher energiefreundlicher.

Kartoffel-Topfkuchen I (Auflaufform)

1 kg Kartoffeln (ca. 10 dicke Kartoffeln),
3 Zwiebeln,
3 Eier,
Salz, Pfeffer,
200 g durchwachsener Speck

Die geschälten, rohen Kartoffeln nicht zu fein reiben. Wenn die geriebenen Kartoffelschnippelchen in Wasser gelegt werden (um das Braunwerden zu verhindern), müssen sie gut abtropfen und ausgepreßt werden. Die geriebenen Zwiebel zu der Kartoffelmasse geben. Die Eier, 2 Teel. Salz und 1/2 Teel. Pfeffer verrühren und zu der Kartoffelmasse geben und alles gut miteinander vermischen. In eine gefettete Auflaufform schichtweise den in dünnen Scheiben geschnittenen Speck und die Kartoffeln einfüllen. Mit einer Speckschicht beginnen und mit einer Kartoffelschicht abschließen. Bei 200° im vorgeheizten Backofen 1 bis 2 Stunden backen.

Der Auflauf soll eine schöne braune Kruste haben. Die Garprobe machte man früher mit der Stricknadel oder einem festen Strohhalm. Sobald kein Teig kleben bleibt, ist der Topfkuchen fertig und kommt heiß in der Form auf den Tisch. Wer Kräuter liebt, kann den Auflauf mit Petersilie, Schnittlauch, Kerbel, Giersch, Löwenzahnblättern oder Liebstöckel vitaminfrisch bestreuen.

Kartoffel-Topfkuchen II (im Bräter)

1 kg Kartoffeln,
3 Zwiebeln,
2-3 Eier,
4 Schweinemettwürste,
Petersilie, Fondor,
Salz, Muskat,
1 Brötchen,
150 g Rauchspeck,
etwas Öl

Kartoffeln grob reiben. Die Zwiebeln ebenfalls reiben und darunter mischen. Die Eier, die feingeschnittenen Mettwürste, gehackte Petersilie, 1 Eßl. Fondor, 2 Teel. Salz und etwas Muskat unter die Masse mischen. Ein Brötchen im Wasser einweichen, ausdrücken und ebenfalls zu der Kartoffelmasse geben. Den Rauchspeck kleinschneiden und in wenig Öl im Bräter ausbraten. Die Kartoffelmasse wird zu dem angebratenen Räucherspeck gegeben und im Backofen bei 220° ein bis zwei Stunden im offenen Bräter gebacken.

Aus alter Zeit: „Der Kesselkuchen wird heiß gegessen, mit Apfelmus und Kaffee, das eine ist mastig und das andere ausgleichend." Eine Scheibe Eifeler Schwarzbrot mit Butter bestrichen schmeckt gut zum Topfkuchen. Auch kann man zum Kartoffel-Topfkuchen frischen Salat reichen. Anstatt Kaffee bekommt Wein oder Bier mit einem Klaren. Sehr beliebt in der Eifel war der Döppekooche mit einer Schicht kleingeschnittenem Lauch. Aber auch mit Äpfeln, Rosinen oder Dörrobst (Birnen, Pflaumen) wurde er geschmacklich verändert. Sehr sättigend wurde der Topfkuchen, wenn 1 Kilo mit Hefe angerührtes Mehl zu den Kartoffeln gegeben wurde.

Kartoffelgratin

1 kg gekochte Kartoffeln,
100 g durchwachsener Speck,
3 Zwiebeln,
Salz, Pfeffer,
Majoran, Kümmel,
300 g Mettwürstchen,
1 Becher saure Sahne,
4 Eier, Petersilie

Kartoffeln in der Schale kochen, pellen und in Scheiben schneiden. Den Speck würfeln und auslassen, die Zwiebeln darin anbraten, die Kartoffeln hinzugeben und mit den Gewürzen abschmekken. Die Hälfte der Speck-Kartoffeln in eine gefettete Auflaufform geben und mit Mettwurstscheiben belegen. Die saure Sahne mit den Eiern verrühren und die Hälfte davon über die Mettwürstchen gießen. Die übrigen Kartoffeln darüber verteilen und das restliche Eier-Sahne-Gemisch darüber gießen. Bei guter Hitze etwa 30 Minuten im vorgeheizten Backofen backen und mit gehackter Petersilie servieren.

Diese „Schichtkartoffeln" oder „Backesgrompere" (auch Bauernauflauf genannt) lassen sich vielfach variieren: Mit Gemüseresten, Sauerkraut, Tomaten oder Kräutern, mit hartgekochten Eiern oder Käse sowie mit Fleisch-, Wurst- oder Speckresten.

Bauern-Gulaschtopf

1 kg Kartoffeln,
1 kg Gulasch (vom Rind oder Schwein),
500 g Zwiebeln,
Salz, Pfeffer, Paprika,
300 g Sauerrahm,
Butter, Petersilie

Die Kartoffeln schälen, waschen und in Scheiben schneiden. Gulasch mit den Zwiebeln im Bräter anbraten und mit Salz, Pfeffer und Paprika bestreuen. Die Kartoffeln in den Bräter schichten, mit dem Sauerrahm begießen und mit Butterflöckchen belegen. Der Auflauf braucht im vorgeheizten Backofen bei 200° etwa 2 bis 3 Stunden, bis er gar ist.

Dreht man das Fleisch durch den Fleischwolf oder brät es etwas vor, so beträgt die Backzeit etwa 1 Stunde.

Kartoffel-Herings-Auflauf

2-3 Salzheringe,
1 kg Pellkartoffeln,
40 g Fett, 1 Zwiebel,
2 Eier, 1/4 l Milch,
Salz, geriebener Käse

Die Salzheringe wässern, enthäuten, entgräten und in breite Streifen schneiden. Die Kartoffeln kochen, pellen und in Scheiben schneiden. In dem Fett die in Ringen geschnittene Zwiebel kurz anbraten, die Kartoffelscheiben hinzugeben und leicht braten. Anschließend lagenweise Kartoffeln und Heringe in eine gefettete Auflaufform füllen. Eier und Milch verquirlen, Salz hinzufügen und über den Auflauf geben. Mit geriebenem Käse überstreuen und 45 Minuten bei 180° goldgelb backen.

Wird Dir Dein Tagwerk zur Last,
bist Du nicht wert, daß Du es hast.

Speisezettel für alle Tage und für Festtage

Was koche ich heute? Diese Frage wird seufzend schon seit altersher in den Küchen gestellt. Dabei war es für die Frauen, die nur auf Zutaten zurückgreifen konnten, die Garten und Stall boten, äußerst schwierig, einen abwechslungsreichen Speiseplan zu erstellen. Daß man sich zumindest um gutes und dabei preiswertes Essen bemühte, zeigen private Notizen.

1856 war die „gewöhnliche Lebensweise" der Menschen in der Eifel recht bescheiden: „Die gewöhnliche Lebensweise war diese: Morgens als Frühstück gab es Haferbrei, mittags Suppe und Kartoffeln, Erbsen oder Bohnen, abends Kartoffelsuppe, auch Mus oder Rüben; von Kaffee wußte man nichts. Auf dem Maifeld bestand das Frühstück in Erbsensuppe. Die Hausfrau oder Köchin kochte die Erbsen, und von dem Meisterknechte wurde auf dem Tisch Öl und Salz zugefügt."

1889 wußte man dann zumindest etwas von Kaffee: „Zu den drei Hauptmahlzeiten Brei, Zopp und Mos treten im Sommer noch zwei Nebenmahlzeiten, das Zehnuhrbrot morgens, bestehend aus einem Butterbrot mit Kaffee oder Schnaps, und das Vieruhr- oder Vesperbrot, aus mit Butter oder Käse (Makei) bestrichenem Brot nebst Kaffee bestehend."

1881 wurde angehenden Hausfrauen folgende werktägliche Mittagsmahlzeiten für vier erwachsene Personen zur Winterzeit und zum Frühjahr empfohlen:

Montag	1/2 Pfd. Gerste in Suppe 6 Pfd. Kartoffeln 1/2 Pfd. frischen Speck
Dienstag	3 Pfd. Sauerkraut 1 1/4 Pfd. weiße Bohnen 1/4 Pfd. Fett

Mittwoch	1 1/2 Pfd. Erbsen in Suppe 6 Pfd. Kartoffeln 1/4 Pfd. gebratenen Speck
Donnerstag	3 Pfd. eingemachte Rübstiel 1 1/4 Pfd. weiße Bohnen 3/4 Pfd. Blut- oder Leberwurst
Freitag	10 Pfd. Kartoffeln Zwiebelsoße 2 Heringe
Samstag	1 1/2 Pfd. Linsen in Suppe 6 Pfd. Kartoffeln 1/4 Pfd. gebratenen Speck

Der Preis der vollständigen Mahlzeit lag zwischen 44 und 74 Pfennigen. Auch um 1900 sah ein alltägliches Mittagessen nicht viel anders aus: Eine dünne Suppe, jede Menge Kartoffeln, Gemüse und nur selten Fleisch, meist als Speck. Im Sommer und Herbst kam dann mehr frisches Gemüse auf den Mittagstisch. Für den April heißt es z.B.: „Wenn der Winter nicht zu strenge war, sind in diesem Monat schon an jungen Gemüsen gelbe Rüben, Spargel, Rettich und Hopfensprossen zu haben." Allerdings war in der Eifel der Winter meist so „strenge", daß im eigenen Garten weder im April noch im Mai etwas zu ernten war, und beim Zukaufen war man mehr als zurückhaltend. Erst im Juni wurde die Speiseauswahl reichlicher, und Gemüse und Beeren konnten als Zutaten verwendet werden.

In besser gestellten Familien begann das Mittagsmahl mit einer klaren, „städtischen" Suppe. Es folgten Kartoffeln, Salat oder Gemüse und ein Schweinefleischgericht. Der Nachtisch war oft sehr sättigend: Milchreis, Grießpudding, Obstgrütze oder eingemachtes Obst. Die Abendmahlzeit sah meist überall gleich aus. Sie begann mit einer Milchsuppe, dann gab es Pell- oder Bratkartoffeln, Reibe- oder Pfannekuchen, Aufläufe, Eier oder Hering.

Das Sonntagessen unterschied sich deutlich vom spartanischen Wochentagsmahl. Für diesen Tag wurde möglichst Rindfleisch gekauft. So gab es die obligatorische Rindfleischsuppe, anschließend Braten oder Kotelett, Gemüse oder Salat und Kartoffeln. Auch durfte der Nachtisch nicht fehlen. Abends wurde dann als Besonderheit eine Platte mit Wurst serviert, die wochentags nur spärlich – wenn überhaupt – zur Verfügung stand. Kartoffel- oder Fleischsalat krönten das sonntägliche Abendmahl.

Vergessen waren alle Sparvorsätze an den Festtagen. Bei der Kinderkommunion und bei der Hochzeit kamen nur die besten Speisen auf den Tisch, auch wenn man sich die Zutaten dafür wochenlang vom Munde absparen mußte. Das traditionelle Mittagessen zur Kinderkommunion sah fast überall gleich aus und hat sich bis heute nicht sehr geändert: Rindfleischsuppe mit Markklößchen und Eierstich, Kartoffeln, Rinder- und Schweinebraten, Spargel, Erbsen und Möhren. Als Nachtisch gab es Schokoladenpudding oder Weincreme.

Ein Hochzeitsmahl in der Eifel bot um die Jahrhundertwende folgende Leckereien: „Nach dem gemeinschaftlichen, lauten Tischgebet wurde früher Brotsuppe genommen, die jedoch häufig durch einen stark gezuckerten Weißmehlbrei ersetzt wurde, dem dann ein aus Hammel- oder Kalbfleisch und Reis oder geröstetem Mehl bereitetes Löffelgericht folgte." In späteren Jahrzehnten konnten zum Hochzeitsmenue auch Pastetchen, Geflügel, Fisch, Braten und Schnitzel gehören.

Wie die Fürsten lebte man am Kirmessonntag. Zu diesem alten Dorf- und Sippenfest kamen alle Verwandten aus den Nachbardörfern, die bestens bewirtet werden sollten. Alles, was Küche und Keller hergab, wurde aufgetischt. Die ganze Woche vorher war die Hausfrau unermüdlich mit der Vorbereitung des Festes beschäftigt. Es wurden große Mengen gekocht und gebacken, galt doch für die Kirmes der Grundsatz: Nicht wenig, aber gut!

Zur Zeit der Jahrhundertwende begann ein Kirmesessen mit einem Weißbrei, einer Milchsuppe mit Brocken von Kuchen, dem eine sehr fette Suppe mit kleingeschnittenem Hammel- oder Kalbfleisch folgte. An Fleisch wurde Rind- und Schweinebraten, Bratwurst sowie geräucherter Speck und Schinken angeboten. Das Fleisch wurde vom Hausherrn geschnitten und verteilt. Beliebt war auch ein Saueressen, ein „Gehäck" aus kleingeschnittenen Würfeln von Leber, Nieren, Herz und Hirn. Das Hauptgemüse war entweder Weiß-, Rotkohl oder Sauerkraut. Ein mit vielen Eiern zubereiteter Pudding schloß das Mahl ab. Nach der reichlichen Kuchentafel am Nachmittag gab es abends nochmals ein warmes Essen, ein verkleinertes, vereinfachtes Mittagsmahl.

Für die Hausfrau war die große Mühe der Vorbereitung vergessen, wenn es allen schmeckte. Ihr ganzer Stolz gipfelte in dem Satz, den sie längst nicht alle Tage sagen konnte: „Greift zu, es ist genug da für alle!" Ehrensache war es, den Gästen noch etwas mit auf den Heimweg zu geben, Fleisch, Brot oder Kuchen.

Quellenangaben:

Das häusliche Glück, 11. Auflage, 1882

Luise B.: Land und Leute in der Eifel, in: Eifelvereinsblatt 1901

Willy Leson: So lebten sie in der Eifel, Köln 1979

Sei zum Geben stets bereit,
miß nicht kläglich Deine Gaben.
Denk: In Deinem letzten Kleid
wirst Du keine Taschen haben.

Kartoffelgerichte und Mehlspeisen

In Südamerika soll die Kartoffel bereits 4000 v.Chr. als Nahrungsmittel gedient haben. Nach Europa kam sie erst nach der Entdeckung Amerikas im 16. Jahrhundert. In Deutschland hatte man zunächst die ausländische Frucht wie eine heiße Kartoffel fallen gelassen. Doch die zwangsweise Einführung im 18. Jahrhundert durch Friedrich II. – mit Hilfe der Pfarrer – sowie zahlreiche Hungersnöte ebneten schließlich der Kartoffel den Weg in die Küchen Deutschlands. In den Notjahren 1816/17 konnten in der Eifel allerdings auch die Kartoffeln nicht die große Not lindern: „1816 lag der Schnee in der Vordereifel bis in den Juni hinein. Am 29. September wurde erst das Heu eingeerntet, das Korn wurde erst im Oktober reif. In diesem Monat setzte der Frost schon wieder ein, der die ganze Kartoffelernte vernichtete. Im November fiel der erste Schnee, der die traurige Ernte mit einem Bahrtuch bedeckte. Aus dem Schnee gruben sich die hungrigen Bewohner die walnußgroßen erfrorenen Kartoffeln. Aber bald war alles dies aufgezehrt. Die armen Leute aßen Futterkräuter, Wurzeln, Kartoffellaub."

In der Eifel waren um 1750 zuerst nur vereinzelte Versuche mit der neuen Knolle in den Gärten gestartet worden. Doch schließlich wurden die gesunden Erdäpfel oder Grundbirnen auf den Feldern angebaut; allerdings waren die Kartoffelfelder auf den Höhen der Eifel winzig, „handtuchbreit", wie es in einem alten Bericht heißt. Allmählich verdrängten die Kartoffeln den seit dem Mittelalter als Hauptmahlzeit geltenden Getreidebrei. Um 1850 waren Kartoffeln und Brot die Hauptnahrung der Eifelbevölkerung. Das Brot bestand aus einer Mischung von Kartoffeln und Hafermehl.

Die Kartoffeln behaupteten sich in sehr verschiedenen Zubereitungsarten. In Form von Kartoffelknödeln bildete sich die Knolle als beliebtestes Nahrungsmittel im Süden Deutschlands heraus. In Norddeutschland wurde sie vorwiegend in Eintöpfen verwendet. In der Eifel, als Land zwischen Nord und Süd, war sie in allen Variationen beliebt und wurde bald zu jeder Mahlzeit angeboten: Morgens als Bratkartoffeln mit Quark, mittags in Eintopfgerichten oder als Klöße und abends als Pellkartoffeln oder als Dööpekoochen (s. Aufläufe). Nun mußte man vor zu einseitiger Ernährung warnen: „Die Kartoffeln sind wegen ihres Wohlgeschmackes und ihrer Billigkeit und wegen der Möglichkeit, sie in den verschiedensten Formen zu bereiten, ein sehr beliebtes Nahrungsmittel. Doch sollte jeder wissen, daß sie für sich allein kein ausreichendes Nahrungsmittel sind, und sie deshalb immer nur mit einem ordentlichen Zusatz von Fett, Hülsenfrüchten, Wurst, Speck oder Milch auf den Tisch bringen; sehr empfehlenswert sind auch Kartoffeln mit Hering, Stockfisch oder Bücking."

Als Vorrat für den Winter wurden die Kartoffeln eingekellert. Auf Brettern oder in Kisten wurden sie gelagert. 12 Zentner Kartoffeln rechnete man für einen 4-Personen-Haushalt. „Kartoffel ist das Beste vom Keller, und Brot ist das Beste vom Haus," sagt der Eifeler Volksmund. War man das alltägliche Kartoffeleinerlei leid, so gab man zu bedenken, daß Kartoffeln in den Keller gehören (und nicht stets auf den Tisch).

Salz- und Pellkartoffeln

Für das Kartoffelschälen gelten seit altersher folgende Regeln: „Kartoffeln schält man recht dünn mit einem scharfen Messer und schneidet alle Augen sowie alles Fleckige und Schadhafte sorgfältig davon. Nach dem Schälen legt man sie sofort in frisches Wasser, weil sie namentlich im Frühjahr schnell schwärzlich werden." Es war in vielen Eifeler Haushalten – wohl aus zeitlichen Gründen – üblich, die Kartoffeln bereits am Abend vorher zu schälen und in Wasser über Nacht regelrecht auslaugen zu lassen. Bei den Pellkartoffeln erübrigen sich solche Überlegungen. Sie werden in der Schale gekocht und erst bei Tisch geschält, so daß Vitamine und Mineralstoffe zum größten Teil erhalten bleiben.

Das Kochen von Salzkartoffeln ist in einem alten Rezept folgendermaßen beschrieben: „Die Kartoffeln werden rein gewaschen, in einem Hafen mit frischem Wasser übergossen, etwas gesalzen und zugedeckt weich gekocht; dann abgeseiht, mit einem reinen Tuch zugedeckt, im Dunste noch einige Minuten stehen gelassen und nun mit frischer Butter oder Gänsefett zu Tisch gegeben."

Petersilienkartoffeln

750 g Kartoffeln, Salz, Petersilie, 50 g Butter

Kleine, runde, möglichst neue Kartoffeln in Salzwasser gar kochen, abschütten und trockendämpfen. Reichlich Petersilie abspülen, trockentupfen und fein hacken. „Gute" Butter in einer Pfanne zerlassen. Kartoffeln mit der heißen, aber nicht braunen Butter übergießen. Mit Petersilie bestreuen und sofort servieren.

Das alte Eifeler Rezept für Petersilienkartoffeln sieht etwas anders aus: Petersilie oder andere Gartenkräuter röstet man mit Mehl ein wenig in Butter, gießt Fleischbrühe dazu und legt die gekochten und in Scheiben geschnittenen Kartoffeln hinein.

Salzkartoffeln mit Speck

1 kg Kartoffeln,
Salz, 100 g Speck,
1 Zwiebel

Die geschälten Kartoffeln kocht man mit wenig Salzwasser ab. Man läßt Speckwürfel in der Pfanne zergehen und röstet darin die klein geschnittene Zwiebel. Das Speck-Zwiebel-Gemisch zu den in Scheiben geschnittenen Kartoffeln geben und miteinander verrühren.

Dieses „Eifeler Gromperegemösch“, auch „Zauss-Ärpel“ genannt, wurde aus einer großen Familienschüssel gegessen und stand an der Spitze der Kartoffelhitliste, die heute von Chips und Fritten angeführt wird. Mit Pellkartoffeln heißen diese Bratkartoffeln in der Mayener Gegend „Schratteln“. Zu diesen Kartoffeln reichte man in alter Zeit eine Kaffeesoße. Dazu goß man aufgegossenen Kaffee über den Speck und schmeckte sehr scharf mit Salz und Pfeffer ab.

Kartoffelpüree

1 kg Kartoffeln,
Salz,
30 g Butter,
1 Eigelb,
1/4 l Milch,
Muskat

Kartoffeln schälen, waschen und in Salzwasser 30 Minuten gar kochen. Wasser abgießen und die Kartoffeln ausdämpfen lassen. Mit der Butter, dem Eigelb und der heißen Milch zerstampfen: „Nur durch fleißiges Rühren und Schlagen kann das Püree zu schneeweißem Schaum werden.“ Abschmecken mit Muskat.

Kartoffelpüree ist als leichte Kost ein Allheilmittel bei vielen kleinen Unpäßlichkeiten. Doch auch äußerlich können Kartoffeln als Medizin eingesetzt werden. Kartoffelwickel mit heißen, leicht gekochten, gequetschten Kartoffeln zwischen einem Tuch, mal auf die Brust, mal auf den Rücken gelegt, helfen bei Bronchialkartarrh und Husten. Als „Wärmeflasche“ wurde die Kartoffel einst zweckentfremdet, denn an winterkalten Tagen steckten die feinen Damen der Gesellschaft eine heiße Kartoffel in den Muff und konnten sich somit warmer Hände erfreuen.

Pellkartoffeln mit Quark

1 kg Kartoffeln,
Salz, 4 Eier,
500 g Magerquark,
2 Eßl. Öl,
etwas saure Sahne,
1 Zwiebel, Pfeffer,
Zucker, Schnittlauch

Kartoffeln waschen, abbürsten und in stark gesalzenem Wasser garen. Die Eier hart kochen. Das durch ein Sieb gestrichene Eigelb mit dem Magerquark verrühren. Nach und nach Öl und saure Sahne einrühren. Mit der fein geschnittenen Zwiebel, Salz, Pfeffer und einer Prise Zucker abschmecken. Zum Schluß das kleingehackte Eiweiß zugeben, gut mischen und ziehen lassen. Vor dem Auftragen das feingewiegte Schnittlauch über den Quark geben und zu den abgeschreckten, abgezogenen Pellkartoffeln servieren.

Schwell- oder Quellmännchen nennt der Eifler die Pellkartoffeln. Da beim Kochen gern die Schale aufplatzt, sah man auch eine Ähnlichkeit mit Feldhühnern. So entstand u.a. an der Ahr der Name „Feldhühnchen“ für die in der Schale gekochten Kartoffeln. Daß man das Kleine nicht verachten soll, sagt eine Eifeler Redensart: „Ma muß Gott och für di kleen Krumbere danken“ (Man muß Gott auch für die kleinen Kartoffeln danken). Wenn kleine Kinder oder Leute zugegen sind, die nicht hören sollen, was gesprochen wird, so sagt man: „Et sin klen Krumpere em Kurf“ (Es sind kleine Kartoffeln im Korb).

Heringskartoffeln

50 g fetten Speck,
1 Zwiebel,
500 g Kartoffeln, Salz,
1/4 l Milch,
2 Heringe,
1 Tasse Rahm,
Pfeffer

Man läßt den gewürfelten Speck ausbraten und bräunt die gehackte Zwiebel darin hellbraun. Die mit wenig Salz gekochten Pellkartoffeln werden geschält, in Scheiben geschnitten und zu dem Speck-Zwiebel-Gemisch gegeben. Mit der Milch füllt man auf und gibt die gewässerten Heringe entgrätet und in Streifen geschnitten dazu und läßt alles etwa 10 Minuten durchziehen. Mit Rahm und etwas Pfeffer abschmecken. Dieses Gericht heißt in der Eifel „Grompere met Heringe drenn", im Mayener Raum wurde es „Preuße un Hering" genannt.

Zu der Zeit, als Hausschlachtungen noch die Regel waren, zog „Dames" (Adam) als Schlachter von Haus zu Haus, von Eifeldorf zu Eifeldorf. Nach Feierabend konnte Dames dann kein Fleisch mehr sehen, und so mußte es zu Hause Tag für Tag sein Leibgericht geben: „Quallmände möt Herreng" (Pellkartoffeln mit Hering).

Buttermilchkartoffeln

375 g Kartoffeln, Salz,
1/2 l Buttermilch,
Pfeffer, Butter

Die Kartoffeln als Salzkartoffeln garen, abschütten und ausdampfen lassen. Nun gießt man die Buttermilch zu, würzt mit Peffer und Salz, erhitzt das Ganze und gibt einen Stich Butter hinzu.

Auch hier empfiehlt das alte Rezept, die Buttermilch „eine kleine Weile" zu kochen, wobei jedoch folgender Rat zu beachten ist: Soll Buttermilch gekocht werden, muß sie bis zum

Kochen fortwährend geschlagen werden. Auch sollte man immer etwas Mehl oder Kartoffelmehl zusetzen.

Kartoffelpudding pikant

1 kg Kartoffeln, Salz, 75 g Butter, 2 Eier, 2 Brötchen, Salz, Muskat

Die Kartoffeln werden am Tag vorher mit Salz in der Schale gekocht und gepellt und am nächsten Tag gerieben. Butter und Eier schaumig rühren und mit den eingeweichten und ausgedrückten Brötchen zu dem Kartoffelbrei geben. Mit Salz und Muskat würzen. Die Masse in eine Puddingform füllen und 30 Minuten im Wasserbad garen.

Die Herbstferien wurden den Kindern gewährt, damit sie bei der Kartoffelernte helfen konnten. Diese schulfreie Zeit war jedoch nicht auf ein bestimmtes Datum fixiert, sondern der Zeitpunkt konnte von jedem Lehrer selbst bestimmt werden, eben zu der Zeit, wenn die Kartoffeln geerntet werden konnten. Zum Abschluß des harten Arbeitstages wurde das Kartoffellaub verbrannt und darin kleine Kartoffeln gebraten, eine Delikatesse mit einem Schuß Romantik gewürzt. Der Name Kartoffelferien für die Herbstferien hat sich lange erhalten, auch noch zu der Zeit, als längst Kartoffelerntemaschinen die Arbeit auf den Feldern übernommen hatten.

Kartoffelklöße

1 kg Kartoffeln, Salz,
2 Eier,
200 g Mehl,
Muskat,
Weißbrot, Butter

Man reibt die am Abend vorher gekochten Salzkartoffeln, gibt die Eier dazu und rührt gut durch. Man fügt das Mehl hinzu, würzt mit einer Prise Muskat und bearbeitet das Ganze zu einem festen Teig, aus dem man eine dicke Rolle formt, die man in gleichmäßige Scheiben schneidet. Mit bemehlten Händen formt man daraus Klöße. Das in kleine Würfel gebrochene Weißbrot röstet man in Butter und drückt je einen Brotwürfel in einen Kloß. In Salzwasser die Klöße mehr ziehen als kochen lassen. Garzeit etwa 25 Minuten.

Für „Kartoffelklöße halb und halb" nimmt man zur Hälfte gekochte und zur Hälfte rohe Kartoffeln, die man nach dem gleichen Rezept zu einem Teig verarbeitet.

Speckkartoffelsalat

1 kg Kartoffeln,
Salz,Pfeffer,
Majoran,
1 Zwiebel,
Essig, 2 Eßl. Öl,
200 g durchwachsenen Speck,
4 Eßl. Mehl,
1 Bund Schnittlauch

Die Kartoffeln in der Schale kochen, pellen, in Scheiben schneiden, mit Salz, Pfeffer und etwas Majoran würzen und mit der kleingeschnittenen Zwiebel und Essig mischen. Öl in einem Topf erhitzen, die Speckwürfel hinzufügen und auslassen; mit Wasser auffüllen und mit Mehl eine dickflüssige Mehlschwitze zubereiten. Die Soße über die Kartoffeln gießen und gut durchziehen lassen. Mit Schnittlauchröllchen garnieren.

Der Speckkartoffelsalat kann warm oder kalt gegessen werden. Früher reichte man dazu eingelegte Heringe.

Kartoffel-Pfannengerichte

In alten Wochenplänen sind für das Mittagessen meist 6 Pfund Kartoffeln für 4 Personen angegeben. Hier sind anscheinend schon die Bratkartoffeln für den Abend und evt. noch für den folgenden Morgen eingeplant. Die Liebe zu den Bratkartoffeln soll bei manchem Mann größer gewesen sein als die Liebe zu seiner Frau, so daß man von einem „Bratkartoffelverhältnis" sprach. In der Gerüchteküchte dichtete man mancher Hausfrau ein heimliches „Bratkartoffelverhältnis" mit einem Untermieter an.

Die einfache „Eifeler Grumpere Pann" meint gekochte Kartoffeln, die mit Speck und Zwiebel gebraten werden. Zu den abendlichen Bratkartoffeln gab es Spiegeleier, Speck oder Schweinskopfsülze. Als Gemüsebeilage wurden eingelegte Gurken, rote Beete oder ein frischer Salat angeboten.

Bauernfrühstück

800 g Kartoffeln,
Salz,
200 g Speck,
2 Zwiebeln,
3-4 Eier,
6 Eßl. Milch,
Pfeffer, Schnittlauch

Festkochende Kartoffeln mit der Schale in Salzwasser nicht zu weich kochen. Den kleingeschnittenen Speck in der Pfanne auslassen. Die Zwiebel hinzugeben und anrösten. Die in Scheiben geschnittenen Salzkartoffeln in die Pfanne geben und hellbraun braten. Eier und Milch mit Salz und Pfeffer kräftig würzen, verrühren und über die Kartoffeln gießen. Bei mittlerer Hitze zugedeckt stocken lassen. Mit Schnittlauchröllchen bestreut servieren.

Der Begriff „Bauernfrühstück" erinnert daran, daß die Bauern sich morgens bereits mit Kartoffeln stärkten. Später wurde das Kartoffel-Pfannengericht mittags oder abends mit Salat gereicht.

Schnippelkuchen

30 g Mehl,
1/4 l Milch,
6 Eier,
750 g Kartoffeln,
1 Zwiebel,
Salz, Pfeffer,
300 g Schinken in Scheiben

Das Mehl mit der Milch verrühren, etwas ausquellen lassen und die Eier kräftig darunterschlagen. Die Kartoffeln waschen, schälen und nochmals waschen, dann grob auf der Haushaltsreibe raffeln, am besten gleich in den Eierteig hinein, damit die Kartoffeln sich nicht verfärben. Die Zwiebel sehr fein geschnitten in den Teig geben und diesen mit Salz und Pfeffer abschmecken. Den Schinken portionsweise knusprig ausbraten, löffelweise Kartoffel-Eier-Teig darübergießen und die Schnippelkuchen von jeder Seite bei milder Hitze knapp 5 Minuten braten.

Dazu trank man in der Eifel Malzkaffee und gelben Korn. Als „Kartoffelschnittchen" stellte man dieses Kartoffelgericht auch ohne Schinken her und reichte dazu Apfelkompott.

Kartoffelstäbchen (Pommes frites)

1 kg Kartoffeln,
40 g Schmalz,
Salz

Kochanweisung von 1902: Mehlreiche Kartoffeln schneidet man in dünne Scheiben oder Streifen, läßt sie in heißem Schmalz hellgelb werden, nimmt sie heraus auf ein Sieb zum Abtröpfeln, bestreut sie mit Salz, rückt dann das Schmalz auf's offene Feuer, daß es ganz kochend wird, gibt die Kartoffeln nochmals hinein, die bei richtiger Behandlung sich aufblähen müssen und gibt sie, sowie dies geschieht, ganz heiß zu Tisch.

Als „Kartoffelstreifen mit Zwiebeln“ waren diese „Pommes“ auch in der Nordeifel bekannt. Bei einem Rezept aus dem Raum Euskirchen-Rheinbach fehlt auch nicht der Speck, in dem die „Dampfkartoffeln“ gegart wurden. In einem Essensplan aus der Südeifel von 1950 tauchen die Kartoffelstäbchen häufig Sonntagabends auf. Die Fritten sind also gar nicht so sehr ein Kind unserer Zeit, allerdings war es für unsere Vorfahren unvorstellbar, diese Kartoffelstreifen an einer „Bude“ zu kaufen und im Stehen oder Gehen zu essen. In alten Kulturen war jede Nahrungsaufnahme im Freien aus „magischen Gründen“ verpönt, denn dort hätten böse Dämonen die Speisen verderben können.

Reibekuchen mit Speck

1 kg Kartoffeln,
1 Zwiebel,
150 g Speck,
Salz, Muskat,
1-3 Eßl. Mehl,
Öl

Festkochende Kartoffeln schälen und in ein Sieb reiben, damit die Masse nicht zu naß wird. Die Zwiebel fein reiben und mit dem kleingewürfelten Speck, etwas Salz und wenig Muskat zu der Masse geben und gut verrühren. Mit dem Mehl die Konsistenz des Teigs regulieren. Der Teig soll halbflüssig und nicht zu fest sein. Löffelweise den Teig in Öl in einer gußeisernen Pfanne von beiden Seiten goldgelb ausbacken.

„Rievkooche“ ist eine rheinische Spezialität. Die altbewährte Speckbeigabe macht aber auch den rheinischen Reibekuchen zu einer Eifeler Spezialität. Eine Scheibe Eifeler Schwarzbrot, Apfelkraut und Apfelmus sind die klassischen Beigaben zu Kartoffelpuffer. Dazu trinkt man ein Gläschen Korn oder Wacholder – der Bekömmlichkeit wegen. Die Kartoffelküchlein gelten als vollständiges Essen, werden aber auch gerne zu Eintopfsuppen gereicht.

Quark-Kartoffelküchlein

500 g Kartoffeln,
Salz,
100 g Mehl,
500 g Quark,
Bratfett,
Kompott

Die Kartoffeln als Salzkartoffeln kochen, abkühlen lassen und reiben. Mehl und Quark hinzugeben, gut untereinanderkneten und zu einem Teig verarbeiten. Daraus kleine flache Kuchen formen, in heißem Fett goldgelb braten und mit Kompott servieren.

Der Originalname für dieses Gericht ist in der Nordeifel „Oma's Klatschkiesköjelche". Das aus dem Slawischen stammende Wort „Quark" für den beim Gerinnen der Milch sich ausscheidenden Käsestoff und den daraus hergestellten Weißkäse ist erst in letzter Zeit in der Eifel üblich.

Kartoffelwaffeln

1 kg Kartoffeln,
2 Zwiebeln,
2 Eier,
30 g Buchweizen,
Salz, Pfeffer,
Fett oder Speckschwarte

Mehligkochende Kartoffeln und Zwiebeln schälen und beides raspeln. Die Masse in einem Tuch auspressen, mit Eiern und dem grob gemahlenen Buchweizen gut verrühren, mit Salz und Pfeffer würzen und zugedeckt quellen lassen. Das Waffeleisen erhitzen, mit Fett oder einer Speckscharte einfetten und aus dem Teig nach und nach knusprige Waffeln backen.

Von einem einstigen Eifeler Original, „Buhnesjakob" geheißen, ist folgende Geschichte überliefert: „Seine Lieblingskost waren Waffeln aus geriebenen Kartoffeln, „Gromperewaffeln", die er fast täglich buk. Dabei war er so genüßlich, daß er Rillen und Häuschen der Waffeln entweder mit Klatschkäse, Apfel- oder Birnenkompot, an besseren Tagen sogar mit

Butter ausfüllte. Einmal kam er spätabends hundemüde von der Feldarbeit heim und legte sich ohne zu essen ins Bett. Mitten in der Nacht wird er wach und spürt starken Hunger. Er stand auf und buk sich „Grumperewaffeln", die er zwischendurch aß und er hörte nicht auf, bis er sich „rundrimm" satt gegessen hatte."

Nichts wußte „Buhnesjakob" von dem neueren Rezept „Kartoffelwaffeln mit Tzaziki". (300 g Joghurt mit 2 Eßl. Öl und 2 zerdrückten Knoblauchzehen verrühren und eine in dünne Scheiben geschnittene 1/2 Salatgurke und Dill darunterheben.)

Wer wahrhaft Hunger hat, kann schlucken
auch bittren Brotes Rest.
Wer wahrhaft friert, der kann sich ducken
auch in einem Dornennest.

Gekochte Mehlspeisen:
Knudeln, Knödel, Klöße und Nudeln

Mehlspeisen wie Klöße, Knödeln oder Nudeln kamen zwar nicht so häufig wie Kartoffeln auf den Tisch, brachten aber doch Abwechslung auf dem Speisezettel. In der Nordeifel waren „Knudeln" als echte Eifeler Spezialität beliebt. Das Wort setzt sich wahrscheinlich aus „Knödeln" und „Nudeln" zusammen, und tatsächlich sind Knudeln diesen Mehlspeisen sehr ähnlich. Ansonsten gab es auch Klöße und selbstgemachte Nudeln.

Knudeln

500 g Mehl,
3 Eier,
Salz, Milch,
Butter,

Das Mehl, die Eier, 1 Teel. Salz und etwas Milch werden zu einem zähen Teigkloß verarbeitet. Kleine Kugeln abstechen und 10 Minuten in Salzwasser kochen. Die Knudeln sind gut, wenn sie oben schwimmen. Auf einem Sieb abtropfen lassen, ohne daß sie zu sehr abkühlen, mit brauner Butter übergießen und servieren.

Eifeler Knudeln gelten in der Nordeifel auch heute noch als Hauptmahlzeit, oftmals am fleischlosen Freitag. Besonders gut schmecken dazu eingemachte Waldbeeren oder Pflaumen. Natürlich gab es Knudeln – wie könnte es anders sein – auch mit angebratenen Speckgrieben. Anstelle der Milch kann man Sprudel nehmen.

Buchweizenknödel

1/4 l Wasser, Salz,
200 g Buchweizenmehl,
200 g durchwachsenen Speck

Das Wasser mit dem Salz zum Kochen bringen. Den Topf von der Kochstelle nehmen, das Buchweizenmehl hinzugeben und mit einem Kochlöffel sehr schnell umrühren, bis sich die Masse vom Topfboden löst. Aus der Masse formt man Knödel und läßt diese 10 Minuten bei offenem Topf in leicht gesalzenem Wasser kochen. Den Speck auslassen und über die herausgenommenen und gut abgetropften Knödel geben.

Im Gegensatz zu diesen „Bitburger Buchweizenknödeln" brät man die „Eifeler Buchweizenknödel" in Pflanzenfett oder ausgelassenem Speck. Man ißt dazu Apfelmus.

Hefeklöße

500 g Mehl,
30 g Hefe,
1/4 l Milch,
1-2 Eier,
30 g Butter,
1 Teel. Salz

Die Zutaten zu einem Hefeteig verarbeiten und diesen 1 Stunde gehen lassen. Klöße formen und auf einem bemehlten Blech nochmals kurze Zeit aufgehen lassen, ehe sie in Salzwasser 10 Minuten gekocht werden. Nach dem Herausnehmen werden die Klöße mit zwei Gabeln aufgerissen, damit der Dampf entweichen kann. Mit brauner Butter übergießen. Will man Kompott oder eine Vanillesoße dazu reichen, so kann man den Hefeteig mit 30 g Zucker süßen.

Hefeklöße waren ein beliebtes Karfreitagsgericht. Dieser Feiertag der Protestanten wurde in katholischen Familien als Arbeitstag genutzt. Auch als der preußische Staat gegen Ende des 19. Jahrhunderts die Karfreitagsarbeit per Gesetz verbot, änderte sich wenig daran. Man verlegte die demonstrative Arbeit nur mehr in Hof und Haus. Im Haushalt wurde für die Ostertage gebacken. Da es sich meist um Hefetorten handelte und man Hefeteig in Riesenmengen herstellte, konnte man mittags ohne weiteren Arbeitsaufwand Hefeklöße machen. Als fleischloses Mittagessen wurden diese auch dem Fastentag gerecht. Für viele waren Hefeklöße das Lieblingsgericht, und so aß man genüßlich und reichlich, was nicht gerade dem Fastengedanken entsprach.

Mehlklöße

375 g Mehl,
1 Teel. Backpulver,
2 Eier, Salz,
Sprudelwasser,
Speck, saure Sahne

Das Mehl mit dem Backpulver mischen, die Eier und eine Prise Salz darunterkneten. Bei Bedarf etwas Sprudelwasser zugeben. Der Teig darf nicht mehr an der Schüssel kleben bleiben. Mit einem Löffel kleine Klöße ausstechen und in kochendes Salzwasser geben und zugedeckt 10 Minuten ziehen lassen – nicht kochen! Die fertigen Klöße mit ausgelassenem Speck und etwas saurer Sahne übergießen.

Für „Grüne Klöße“ verwendet man anstelle von Weizenmehl frisch gemahlenes Buchweizenmehl.

Semmelklöße

8 alte Brötchen,
1 Tasse Milch,
2 Eier
1 Zwiebel, Butter,
Petersilie, Salz,
Pfeffer, Fondor,
3 gekochte Kartoffeln

In folgender Form ist das Rezept von einer Eiflerin aufgeschrieben worden: Die Brötchen morgens in dünne Scheiben schneiden, mit einer Tasse kochend heißer Milch übergießen, zudecken, nach 1-2 Stunden 2 Eier darunter rühren,

1 Zwiebel fein geschnitten in Butter zart goldgelb dünsten, dann fein gewiegte Petersilie dazu, etwas mitdünsten. Zu der Semmelmasse geben. Salz, etwas Pfeffer und Fondor unterrühren, die Masse gut durchkneten mit der Gabel. Wenn die Masse sich nicht formen läßt, Weckmehl unterrühren. In den Teig kommen noch 3 Stück gekochte, gestampfte, abgekühlte Kartoffeln, dann Klöße formen, in völlig kochendes Salzwasser geben, Kochzeit 15-20 Minuten. Wenn sie hoch kommen, nur zart sprudeln lassen. Mit Bratfleisch und Soße servieren.

Apfelklöße

50 g Butter,
2 Eier,
2 Brötchen,
Salz,
250 g Weizenmehl,
3 Eßl. Milch,
500 g Äpfel,
Zucker, Zimt

Die Butter schaumig rühren und nach und nach die Eier, die eingeweichten und gut ausgepreßten Brötchen und etwas Salz hinzurühren. Das gesiebte Mehl und die Milch abwechselnd unterrühren. Die geschälten Äpfel in ganz kleine Stücke schneiden und in den Teig heben. Mit einem in heißes Wasser getauchten Löffel Klöße abstechen, sie in kochendes Salzwasser geben und in ungefähr 15 Minuten gar ziehen lassen. Die Klöße beim Servieren mit gemischtem Zucker-Zimt servieren.

Zum Überwintern brauchen Äpfel einen trockenen Raum, in dem es nicht friert. So wurden in der Vergangenheit gerne die Schlafräume als Winterquartier für Äpfel genommen.

Nudeln Hausmacher Art

300 g Mehl,
2 Eier,
Salz,
6 Eßl. Wasser

Das Mehl auf ein Nudelbrett sieben, in der Mitte eine Vertiefung eindrücken und die Eier, das Salz und das Wasser hineingeben. Alle Zutaten zu einem geschmeidigen Teig verkneten. Den Teigkloß vierteln und 20 Minuten ruhen lassen. Jeden Teil dünn ausrollen, trocknen lassen, daraus eine Rolle formen und in breite (für Suppen in schmale) Streifen schneiden. Auseinandergebreitet trocknen lassen. Die Nudeln in kochendes Salzwasser geben und garkochen.

In der Eifel wurde gerne Backpflaumenkompott zu Nudeln gegessen. Die Zahl der Eier ist in alten Rezepten folgendermaßen angegeben: So viel Eier, als Personen essen sollen.

Dampfnudeln

1.
500 g Mehl,
30 g Hefe,
1/4 l Milch,
65 g Zucker,
65 g Margarine,
1 Ei

2.
50 g Butter,
1 Eßl. Zucker,
1/8 l Milch,
1 Teel. Zimt

1. Aus den Zutaten bereitet man einen Hefeteig und läßt ihn zugedeckt an einem warmen Ort 1/2 oder 1 Stunde aufgehen. Man sticht mit einem Löffel Nudeln aus und läßt diese ausgebreitet nochmals aufgehen. Der 2. Kochvorgang ist folgendermaßen beschrieben: Man setzt einen Tiegel aufs Feuer, thut ein Stück Butter hinein, Zucker, schüttet Milch dazu und setzt die aufgegangenen Nudeln in dieselbe, doch darf die Milch nicht über sie gehen. Man stellt den Tiegel über Kohlen, deckt ihn zu, thut

Kohlen auf den Deckel und läßt die Nudeln gelb werden. Nun nimmt man sie heraus und gibt sie mit Milch, in welcher Zucker und ganzer Zimmt gekocht wurde, auf den Tisch.

Früher fand man in der Küche immer einen „warmen Ort", an dem der Hefeteig gut aufging. Aber auch heute wissen Frauen sich zu helfen. Im Winter wird der Hefeteig in die Nähe eines Heizungskörpers gestellt. Im heißen Sommer stellen Frauen den gut zugedeckten Teig in ein in der prallen Sonne abgestelltes Auto.

Vieles Fragen trügt am meisten.
Auf die eignen Kräfte merk'!
Frage Dich, was kann ich leisten
und dann gehe still an's Werk.

Eßgewohnheiten in Orts-Necknamen

Der Eifeler Humor weiß manche lustige Anekdote zu erzählen. Für Spaß und Heiterkeit sorgten vor allem die Hänseleien und Neckereien, mit denen man sich gegenseitig auf die Schippe nahm. Mit einem Spitz- oder Spottnamen wurde aber nicht nur ein Mitmensch belegt, sondern allzu gerne ein ganzes Dorf. Längst nicht jedes Dorf besaß einen Spitznamen, dafür wurden manche Orte gleich mit mehreren Namen gefoppt.

Ortsnecknamen wurden gerne mit dem kargen Essen in Verbindung gebracht. Obwohl in Notzeiten das Essen überall gleich schlecht war, glaubte man, einige Dörfer seien besonders notleidend, und wer den Schaden hat, braucht seit je für den Spott nicht zu sorgen. So galt in Notzeiten überall in der Eifel der Spruch „täglich Brei und nix dabei". Trotzdem wurde das Breiessen als Grundlage für Necknamen einzelner Dörfer genommen. Als „Breipänz" wurden die Alendorfer, die Aremberger und die Reetzer durch den Kakao gezogen. Für die Leute aus Berk und aus Dahlem wurde als Ortsneckerei „Briikessele" gewählt. Mit diesem Wort war eigentlich ein großer Eisentopf gemeint, in dem das Viehfutter gekocht wurde. Als „Breibüch" (Breibäuche) mußten die Menschen aus Zingsheim und aus Vlatten den Spott der lieben Mitmenschen hinnehmen. „Breibobbele" wurden die Einruhrer getauft. „Breiesser" waren die Menschen aus Breinig (Aachen) und aus Stadtkyll. Im Wallfahrtsort Barweiler wohnten die „Breimänn".

Mit dem Necknamen „Hungerleider" ärgerten sich die Mechernicher und die Vussemer gegenseitig. Der Begriff kann sowohl jemanden meinen, der am Hungertuch nagt, als auch einen Menschen, der sich und anderen nichts Gutes gönnt. Auf die Vorliebe für den Apfelwein deutet der Neckname

„Viezjonge" für die Trierer hin. Eine Vorliebe für Süßes hatte man wohl in Altenahr, denn die dortigen Menschen nannte man „Süsslecker". Die Hellenthaler bekamen als „Tellerlekker", „Suppenschlecker" oder „Schlämpmänn" gleich mehrmals ihr Fett weg. „Schlämp" war ein dicker Brei aus Mehl, Kleie und Kartoffeln, von dem man reimte: Mittags Schlämp, dat et dämp (dampft).

Die Gilsdorfer bespöttelten ihre Dorfnachbarn, die „Breddermänn" von Nöthen, als „Stutzfresser" (Stutz = Kartoffelbrei). Die Arloffer und Kirspenicher „Kiesklöpper", die in den dortigen Ton- und Kiesgruben arbeiteten, wurden als „Tonfresser" gehänselt. Aber auch die Rheinbacher „Ratze" waren als „Tonfresser" bekannt. Die Monschauer aßen zwar keinen Ton, aber man argwöhnte, daß sie wie das liebe Vieh das Heu als Nahrung nutzten, denn man bezeichnete sie spöttisch als „Heufresser". Es mag sie trösten, daß auch anderswo dieser Spottname üblich war. Die Meckenheimer wurden als „Krautfresser" gefoppt. Die Heimbacher trugen neben ihrem Spottnamen „Esel" auch die Neckerei „Seimlöffel" mit Humor. Mit „Seimlöffel" wird auf einen dickgekochten Sirup aus Äpfeln, Birnen, Möhren und ähnlichem angespielt.

Auf speziellen Anbau oder Schwerpunkte in der Landwirtschaft zielen manche Necknamen hin. Der Spottname „Kornköpp" für Iversheim ist wohl auf Getreideanbau zurückzuführen. Für Mayen-Lonnig und Mechernich-Glehn ist der Ausdruck „Eärzebälg" belegt. Damit ist ein Erbsengericht gemeint, das die Erbsen mit der Hülse kocht, „Eärze mit de Bälg". Linsen aß man anscheinend gerne in Dorweiler/Rheinl., denn das Dorf wurde „Linsennest" genannt. Die Menschen in Mayen-Nickenich scheinen eine Vorliebe für die Kirschen gehabt zu haben, denn sie wurden als „Kirschenfresser" gehänselt.

Häufig wurden die Möhren mit einem Necknamen verbunden, wobei wahrscheinlich die gelben Feldrüben gemeint waren. Im Kreis Euskirchen waren die Floisdorfer und die Scheurener (bei Münstereifel) als „Muuremänn“ bekannt. Die Orte teilten sich diesen Spottnamen mit Westum (Ahrweiler) und Waldrach (Trier). Auch die Krufter an der Mosel mußten sich die Bezeichnung „Muure“ gefallen lassen. In Billig und in Kreuzweingarten standen häufig Möhren auf dem Tisch. Klangen von Kreuzweingarten die Glocken bis zu den Nachbardörfern, so verstand man dort:

Em Wöngede Lauch (Weingartener Loch)
han se Muure gekauch,
de ganz Weich möt eenem Knauch (Knochen),
dat Döppe stund em Muerelauch (Mauerloch).

Pflaumen tauchen ebenfalls in mehreren Spitznamen auf. Als „Prummenest“ wurde Oberwichterich von den Nachbarorten gefoppt. Die Bewohner von Schweinheim wurden als „Prummebäcker“ angepflaumt. In Elsig, wo viele Pflaumenbäume standen, machten die Glocken für die beliebten Obstfrüchte Reklame. Weit klang der Glockenruf über das Land: Promme-Promme-Elsig, Promme-Promme-Elsig! Bis nach Frauenberg wurde diese Mitteilung verstanden. Die Kinder erinnerten sich in einem Abzählreim an das Pflaumendorf:

Euem, Deuem, Dondekak,
Elsig es der Prommesack!

„Käseländchen“ nannte man das Effelsberger Gebiet, und „Kies“ Käse als Spottnamen mußten die Menschen von Eicks hinnehmen. „Käsekümpchen“ war der Spottname für Hasenfeld, und „Käselöffel“ wurden die Heimerzheimer geneckt. Die Münstereifeler „Bläckgecke“ nannte man auch „Knipp-Plätzcher“, eine Bezeichnung für Leute, die gern ein hartes Gebäck essen, das beim Brechen und Kauen einen „knippenden“ Ton erzeugt. In Derkum und Dürscheven war man etwas wählerisch mit dem Essen, denn die dortigen Bewohner wurden „Schläuch“ genannt. Etwas schlauchen bedeutet, etwas Gutes ohne die dabei gebräuchliche Zukost zu essen, also die sprichwörtliche Wurst, die in der Not auch ohne Brot schmeckt. Das Wort kann allerdings auch auf großen Durst hindeuten.

Mancher Neckname ist ein Wortspiel zum Ortsnamen. So reimte man die Marmagener auf „Knochenknager"; bekannter waren sie jedoch als „Marmagener Pöhl". Ein Vers erzählt, daß man „in Dottel ißt aus der Schottel" (Schüssel), obwohl man einst überall aus der Schüssel aß. Bekannt sind die „Zölleche Ölleche" (Zülpicher Zwiebel). Dieser gleichlaut-malende Ortsnecknamen soll sich auf den heilkräftigen Wurzelstock einer Knabenkrautart beziehen, durch die der Frankenkönig Karl der Große einst Heilung erfahren haben soll. Ein Reim erinnert an die Ursprünge:

Zölleche Ölleche on Botzebart
hann Kaiser Karl gesond gemaat.

Der häufigste Spitzname im Rheinland und in der Eifel ist „Windbeutel", womit man aufgeblasene Menschen bezeichnet. Wie bei dem sahnegefüllten Teilchen aus Brandteig ist jedoch mehr Wind als feste Substanz vorhanden. Allein im Kreis Euskirchen wohnen laut Volksmeinung „Windbeutel" in folgenden Orten: Blankenheim, Flamersheim, Füssenich, Gemünd, Kalenberg, Kommern, Kuchenheim, Mechernich, Münstereifel, Obergartzem, Pesch, Schleiden, Schmidtheim und Strempt. Doch auch anderswo in der Eifel und im Rheinland betitelt man sich gegenseitig als „Büggel" oder „Windbüggel". Früher war es leicht, „Windbeutel" als solche zu erkennen: Vorne hatten sie die Scheunen voll, aber hinten waren diese leer. Heute charakterisiert man diese Aufschneider ähnlich: Viel davor und nichts dahinter.

Nicht nur einzelne Dörfer, sondern ganze Gebiete wurden mit Spott bedacht. Besonders intensiv wurde die Neckerei zwischen den Höhendörfern und dem Flachland betrieben. Die Rheinländer wurden von den Eifelern als „Pfefferlecker" oder „Rabaue" auf den Arm genommen. Die Niederländer schlugen zurück mit Ausdrücken wie „Grobüsch" (grobe Hinterwäldler) oder „Durbüscher" (Durbusch = eine mit Dorngestrüpp bewachsene Waldgegend). Im Hellenthaler Raum, bei den „Kauerten", bezeichnete man die Menschen aus Belgien, die durch den Busch zu den Kirmessen auf deutschem Gebiet kamen, als „Dorchböscher".

Ein allgemeiner Neckname war „Eefeler Bergbure", der im Gegensatz zu den „Feldbure" des Flachlandes stand. Diese Necklust soll ihren Ursprung in folgender Sage haben: „Als unsere Vorfahren sich in der Gegend niederließen, sahen die einen mehr in die Luft, die anderen mehr zum Boden. Die einen sahen auf Berg und Tal, wo es romantisch und schön ist, und wo es neben Ackerbau auch noch Obstbau gab; dagegen sahen die anderen nur nach dem „Dreck" und setzten sich dort fest. Jene bevorzugten für ihren Wohnsitz die bergige Gegend, diese ließen sich in der Ebene nieder." Hänselten die Städter die Bauern allgemein, so gaben diese zu bedenken: „Wenn de Bure net wöre, dann hätten dee Stätter nüs ze fresse."

Die „Bergbure" unterschied man in Mistbure und Oaßebure (Ochsenbauern). „Kappesbure" stand zwar allgemein für die Bauern im Flachland, wurde aber auch für Eifeldörfer gebraucht. „Kappesbure" wurden die Trier-Eurener genannt, „Kappesfrässer" die aus Trier-Schweich und „Kappesköpp" die aus Trier-Ehrang. Als „Kappesdorf" galt Wittlich-Musweiler.

Inzwischen ist es kaum noch möglich, die bunt gewürfelte Bewohnerschar eines Eifeldorfes mit einem einzigen Namen zu charakterisieren. Necknamen sind daher ein Relikt der Vergangenheit, die Volksleben und humorvolle Umgangsformen dokumentieren. Ob nun ein Neckname für einen einzelnen oder für ein ganzes Dorf geschaffen wird, bis heute gilt die alte Regel: Bloß nicht darüber ärgern, denn dann geht die Hänselei erst richtig los. Mitlachen nimmt jedem Spitznamen die Spitze, denn Humor ist, wenn man trotzdem lacht.

Quellenangaben:

Josef Müller, Heinrich Dittmeier: Rheinisches Wörterbuch, Band I bis Band IX, Berlin 1929 bis 1971

Hubert Gierlichs: Mundartliches aus dem Kreise Schleiden, in: Rheinische Geschichtsblätter, 1895

St. Weidenbach: Ortsneckereien aus der Pellenz und Umgegend, in: Rheinische Geschichtsblätter 1903/04

Heinrich Hoffman: Zur Volkskunde des Jülicher Landes, 1. Teil: Sagen aus dem Rurgebiet, Eschweiler 1911

Josef Lagier: Was die Heimatglocken sangen und singen, in: Unsere Heimat im Wandel der Zeit, Beilage zum Euskirchener Volksblatt 8/1927

Hans Hardenberg: Necknamen und Neckverse aus dem Raum um Euskirchen, in: Festschrift 100 Jahre Gymnasium Euskirchen, Euskirchen 1951

Hubert Meyer: Hellenthaler fuhren zu den „Dörchböschern" nach Rocherath, in: Die Eifel, 9/10, 1962

Sophie Lange: „Was sich liebt, das neckt sich", in: Kreis Euskirchen Jahrbuch 1994

Die Sonne scheint nicht jeden Tag,
man kann nicht immer, was man mag,
man kann nicht immer, was man will,
das ist die alte Hauspostill'.

Fleischlose Kost:
Mehlpfannen- und Eiergerichte

Fleisch war in kleinbäuerlichen Familien der Eifel oftmals rar, so war man bemüht, einen Ersatz zu finden. In der Pfanne gebratene Hefeplätzchen, Pfannkuchen oder gebratenes Brot waren da höchst willkommen. Wurden die fleischlosen Pfannengerichte liebevoll zubereitet, so konnten sie tatsächlich „fleischige Genüsse" im Keim ersticken. Natürlich eigneten sich die fleischlosen Mehl- und Eiergerichte auch für die Fastentage.

Bei magerer Kartoffelernte war man froh, daß man mit Pfannengerichten den Hunger stillen konnte. Folgendes ist von 1889 überliefert: „Sind die Kartoffeln mißraten oder nur spärlich gewachsen, so wird als Abendbrot die sogenannte Knepp genossen, Nudeln aus Hafermehl und Wasser bereitet, die durch eine Sauce von gebratenem Speck schmackhaft gemacht werden. Mitunter werden auch an Stelle der Knepp Haferpfannkuchen und Buchweizenkuchen gereicht. Am Burgsonntag, dem ersten Fastensonntag, bilden Haferwaffeln und Buchweizenkuchen, 'Pankech' genannt, das Festgericht, dem von jung und alt mit ausdauerndem Appetit zugesprochen wird."

Zu Karneval oder am Burgsonntag zog die Dorfjugend durch das Dorf, um Butter, Eier, Speck, Mehl und Milch zu ersingen. Daraus wurden dann Pfannkuchen, Muzen, Waffeln oder ähnliches hergestellt. Zum Abschneiden des Specks forderten z.B. die Burschen in Nettersheim: „Stell de Leede on de Wand, holl et Mätz en de reasch Hand. Schnegg hu – schnegg deef, schnegg en jood Speckgreff!" (Stell' die Leiter an die Wand, hol' das Messer in der rechten Hand. Schneide hoch, schneide tief, schneide ein gutes Stück Speckgriebe ab.) 1856 hatte man in der Eifel noch Hafergrütze gesammelt, „davon Grimmelbrei gemacht und was davon nicht aufgezehrt, in Klöße geformt und zu sich gesteckt."

Hefeküchlein

500 g Mehl,
3 Eier,
30 g Hefe, Salz,
1/4 l Milch,
Schmalz

Aus Mehl, Eier, Hefe, der lauwarmen Milch und einer Prise Salz einen dickflüssigen Hefeteig bereiten. Diesen läßt man an einem warmen Ort stehen, bis er aufgegangen ist. Dann nimmt man einen kleinen Löffel und gibt damit ca. 8 Küchlein des Hefeteigs in das heiße Schmalz in der Pfanne. Bei schwacher Hitze goldgelb bis goldbraun backen.

Die Variationsmöglichkeiten für Hefeküchlein sind mannigfaltig. So kann man das Mehl zur Hälfte mit Buchweizen austauschen. Die Hefemenge ist dazu in einem handgeschriebenen Rezept (ohne Jahr) mit „für 3 Pfg." angegeben. Mit Zucker und Rosinen kann man die Hefeplätzchen „süß machen". Besonders gut schmecken darin einige Apfelscheiben. Apfelküchlein stellte man aber auch aus Pfannkuchenteig her, wie das nachfolgende Rezept zeigt.

Apfelküchlein

250 g Weizenmehl,
3 Eier, Salz,
1/2 l Milch,
400 g Äpfel,
Fett,
Zucker, Zimt

Das Mehl wird in eine Schüssel gesiebt und mit Eigelb, etwas Salz und Milch zu einem glatten, dickflüssigen Pfannkuchenteig verrührt. Die Eiweiß zu steifem Schnee schlagen und unter den Teig heben. Die Äpfel schälen, entkernen, in Scheiben schneiden und zu dem Pfannkuchenteig geben. Im heißen Fett kleine Apfelküchlein backen, Zucker und Zimt mischen und über die Küchlein streuen.

Dieses Rezept gilt für alle Obst-Eierkuchen. Besonders beliebt in der Eifel war Waldbeerpfannkuchen. War die Waldbeersuche an einem Tag erfolgreich gewesen, dann war der „Worbelepannekooche“ voll von den kleinen Waldfrüchten. War der Ertrag spärlich, schwammen allerdings nur wenige Beeren in dem Teig.

Holunderblüten-Pfannkuchen

8 Holunder-Blütendolden,
250 g Mehl,
1 Ei,
1 Teel. Backpulver,
1 Eßl. Zucker,
1/8 l Milch,
2-3 Eßl. Rum,
Bratfett,
Zucker-Zimt

Die Holunderblütendolden mit kurzen Stengelchen direkt unter der Dolde abpflücken und noch im Freien auf einer sauberen Unterlage auslegen, so daß Insekten entfliehen können. Dolden abspülen und auf einem Sieb abtropfen lassen. Aus Mehl, Ei, Zucker, Milch und Rum einen Pfannkuchenteig rühren und diesen 1 Stunde lang ruhen lassen. Die Holunderblüten werden in Teig getaucht und in heißem Fett in 5 bis 10 Minuten goldgelb gebacken. Pfannküchlein an den Stielen herausnehmen, auf Küchkrepppapier etwas abtropfen lassen, mit einem Zucker-Zimt-Gemisch bestreuen und servieren.

Der Holunderstrauch wird der Frau Holle zugeordnet. Diese ist nicht nur Märchenfrau, sondern war einst mit göttlichen Wesen verwandt, mit der huldvollen Göttin Hulda, mit Helic und anderen. Die Holunder-Pfannkuchen sollen nach altem Glauben die Fruchtbarkeit und den Kindersegen fördern.

Speckpfannkuchen

250 g Mehl,
2 Eier,
1/2 l Milch,
1/2 Teel. Salz,
Speckscheiben,
Bratfett

Man bereitet einen Pfannkuchenteig und gibt diesen mit einem Löffel für dünne Küchlein in heißes Bratfett in der Pfanne. In den noch flüssigen Teig legt man die Speckscheiben und brät die Kuchen auf beiden Seiten goldgelb. Variante: Speck in Würfel schneiden, in der Pfanne anbraten und den Pfannkuchenteig darüber geben.

Die Dorfjungen in der Eifel sammelten zu Fastnacht bei den Bewohnern Eier, Mehl und Speck, woraus dann die jüngst verheiratete Frau des Dorfes nach alter Tradition Speckpfannkuchen buk. Daß der Heißhunger dabei schon mal alle guten Tischmanieren vergessen ließ, erzählt folgender Bericht: „Endlich war es soweit, als die junge Frau auf einer Schüssel einen Berg der so heiß ersungenen Pfannkuchen zum Zugreifen auf den blankgescheuerten Tisch stellte… Mit beiden Händen griff ein Dutzend Jungen in den Kuchenberg und riß sich etliche heraus. Jeder wollte sich einen großen Anteil sichern… Im Nu war der Teller leer. Was nicht in die Taschen gewandert war, lag unter dem Tisch auf dem beschmutzten Fußboden. Nun ging der Kampf um den Rest weiter. Dabei war ein Junge so wählerisch, daß er nur nach den Speckstücken griff und sich damit die Taschen füllte, was er selbst stolz bekannte. Als alles aufgezehrt war, ging man wieder friedlich auseinander.“

Hungrige Mäuler machen leere Schüsseln.

Buchweizen-Pfannkuchen

150 g Buchweizenmehl,
2 Eier, 3 Eßl. Zucker,
1 Teel. Salz,
etwas Backpulver,
1/4 l Milch,
Natron, Schmalz,
Rübenkraut

Aus Buchweizenmehl, Eier, Zucker, Salz, einer Messerspitze Backpulver und der Milch einen Pfannkuchenteig herstellen. Erst zum Schluß eine Messerspitze Natron unterrühren. Schmalz in der Pfanne erhitzen und kleine Küchlein backen. Diese mit Rübenkraut bestreichen und warm servieren.

Buchweizenpfannkuchen sind ein typisches Eifelgericht. Die Eifeler Dialektausdrücke „Heidschkooche", „Hedelischkooche" und „Heenschköchelcher" erinnern daran, daß das „Heidekorn" oder „Hedelich" auf kargem Eifelboden wuchs, auf der Heide.

Buchweizen-Frikadellen

200 g Buchweizen,
1/2 l Brühe, Salz,
1 Zwiebel, Butter,
Küchenkräuter,
1-2 Eier,
40 g Semmelmehl,
40 g Bratfett

Den Buchweizen einige Stunden in der Brühe vorweichen, dann kalt aufsetzen, salzen und zu einem Brei kochen. Die in Butter geröstete Zwiebel, beliebige feingehackte Küchenkräuter und die geschlagenen Eier dazugeben und vermengen. Der Brei wird kalt auf ein Brett gestrichen und nach dem Erkalten in Scheiben geschnitten. Die Scheiben werden mit Semmelmehl paniert und in Fett gebraten.

Diese Frikadellen, auch Bratlinge genannt, wurden auch mit Haferflocken, Grünkern, Reis oder Graupen hergestellt. Sie werden als Fleischersatz zu Kartoffeln und Gemüse gereicht.

Arme Ritter

8 Scheiben Weißbrot (altbacken),
1/4 l Milch,
2 Eier,
Salz, Zucker,
Semmelbrösel,
Fett,
Himbeersaft

Die Weißbrotscheiben auf eine flache Platte legen. Die Milch mit den Eiern, einer Prise Salz und 1 Teel. Zucker gut verquirlen. Die Weißbrotscheiben darin eintauchen, bis sie sich vollgesaugt haben. Wieder auf die Platte legen und mit den Semmelbröseln panieren. In heißem Fett von beiden Seiten braun braten. Dann warm mit Himbeersaft (oder Zimt-Zucker) servieren.

In der Vergangenheit ging man sorgfältiger mit Lebensmitteln um als heutzutage allgemein üblich. Ein Grundprinzip war es, nichts wegzuwerfen und auch den kleinsten Rest noch irgendwie zu verwerten. Das Gericht „Arme Ritter" ist als „Verwendbrot" seit dem 14. Jahrhundert als einfache Speise armer Leute bekannt. Es ist in Mecklenburg genau so zu Hause wie in Hessen, aber auch in England, Österreich und Polen. Trotzdem sieht man es manchmal als Eifeler Spezialität, nimmt Milch von glücklichen Eifelkühen, Eier von freilaufenden Eifelhühnern, Eifeler Brot und nennt das ganze dann „Armer Eifelbauer".

Grießschnitten

1/2 l Milch, Salz,
1 Eßl. Zucker,
125 g Grieß,
Semmelmehl, Fett

Man bringt die Milch mit einer Prise Salz und dem Zucker zum Kochen, läßt den Grieß unter Rühren langsam einlaufen und bei milder Hitze 5 bis 10 Minuten zu einem dicken Brei quellen. Diesen streicht man 1 bis 2 cm dick auf ein nasses Holzbrett und läßt ihn auskühlen. Dann teilt man ihn in rechteckige

Schnitten, paniert diese mit Semmelmehl und backt sie in Fett goldgelb.

Dazu reicht man eingemachte Sauerkirschen, Waldbeerkompott, Aprikosen, Pflaumen oder Apfelmus.

Wodurch man reich werden kann:

Durch Arbeit, Müh und Schwitzen,
nicht müßig faules Sitzen;
durch Sparen und recht Hausen,
nicht Prassen, Trinken, Schmausen;
durch Fasten, Beten, Wachen,
nicht Schlafen, Fluchen, Lachen.

Eiergerichte

Es gab wohl vor Jahrzehnten kaum ein Eifelhaus, in dessen Hof oder Garten nicht ein paar Hühner scharrten. Manches alte Eifeler Rezept geht recht großzügig mit Eiern um und übermittelt die Vorstellung, daß stets genug Eier vorrätig waren. Das war allerdings längst nicht immer der Fall; vielmehr signalisiert die Angabe „viele Eier“, daß es sich bei dem Gericht um ein Festtagsessen handelt, bei welchem nur das Beste – und das in großen Mengen – beigegeben wurde. Für den Alltag mußte oftmals ein einziges „Eichen“ für eine ganze Tischrunde reichen und ein Ei zum Frühstück war ganz undenkbar.

Nicht immer legten die Haushühner fleißig. Es gab legearme Zeiten und manches mußte mit Eiern bezahlt werden, z.B. der Küster und der Lehrer, die einst tatsächlich „für 'en Appel und ein Ei“ arbeiteten. Auch mußte stets für große Feste wie Kirmes, Weihnachten und Ostern vorgesorgt werden. Eingelegt wurden die gut gewaschenen Eier in einem Glasbehälter in starkem Salzwasser. Jedes Ei mußte dabei von Salz umgeben sein. Zum längeren Aufbewahren wurden Eier mit Leinöl bestrichen.

Die Eifeler, die ausschließlich als Selbstversorger von ihrer ärmlichen Landwirtschaft lebten, besaßen kaum Bargeld. So ist z.B. noch aus der Zeit zwischen den Weltkriegen (als die Naturalbezahlung längst nicht mehr üblich war) überliefert, daß Frauen sorgfältig ein Ei in ihre Küchenschürze packten und damit zum Dorfladen gingen, um dafür ein bißchen Salz oder Zucker einzutauschen (s. Dorfladen).

Dem Ei als Symbol des Lebens wurden geheime Kräfte zugeschrieben. So wurden Eier in Saat, Äckern und Gärten zur Wachstumsförderung vergraben, dem Vieh zur Bewahrung vor Seuchen unter das Futter gemengt oder in den Ställen gegen Erkrankung des Viehs und gegen Hagelschlag aufgehängt und bei Feuersbrunst in die Glut geworfen.

Spiegelei auf Speck

40 g geräucherter Speck oder Schinken, 4-6 Eier, Salz

Speck oder Schinken in eine Pfanne geben und lichtgelb braten. Man schlägt die Eier nebeneinander darauf, bestreut das Eiweiß mit feinem Salz und erhitzt die Eier so lange, bis das Eigelb anfängt, fest zu werden.

Auf Brot mit Schinken unterlegt wird das Spiegelei zum „strammen Max". Ißt man Spiegeleier an Fasttagen, so darf natürlich nicht das kleinste Eckchen Speck in der Pfanne auftauchen. Bis zum 16. Jahrhundert war von der Kirche das Ei als Fastenspeise verboten.

Verlorene Eier

Salzwasser, 2 Eßl. Weinessig, 4 frische Eier, Quark, Küchenkräuter

Man bringt Salzwasser mit Essig zum Kochen. Dann schlägt man sehr frische Eier hinein und läßt diese darin aufwallen, bis die Dotter „wachsweich" sind. Dann nimmt man die Eier aus dem Sud und läßt sie abkühlen. Quark mit Küchenkräutern unterschiedlicher Art (Dill, Kresse, Schnittlauch usw.) mischen und zu den verlorenen (pochierten) Eiern servieren.

Eier in Schnittlauchtunke

8 Eier, 1/4 l Milch, Salz, 40 g Mehl, 1 Eßl. Öl, 1 Bund Schnittlauch, Pfeffer, Muskat, Essig

Die Eier in 8 bis 10 Minuten hart kochen. Die Milch mit etwas Salz aufkochen. Das Mehl mit wenig kalter Milch anrühren und in die von der Kochplatte genommene Milch geben, wieder unter kräftigem Rühren zum Kochen bringen.

Abkühlen lassen. 2 der hartgekochten Eier halbieren, das Eigelb herausnehmen und mit dem Öl zu einer dicken Masse verrühren. Die 2 Eiweiß grob und das Schnittlauch fein hacken. Die Eimasse mit einem Schneebesen vorsichtig unter die weiße Soße ziehen, den geschnittenen Schnittlauch dazugeben und sehr pikant mit Salz, Pfeffer, Muskat und Essig abschmecken. Diese Soße wird zu den halbierten, harten Eiern gereicht.

Diese typische Eifeler Soße läßt sich auch mit einer Mehlschwitze mit Schinken, Porree und Kräutern herstellen. Früher nahm man Sauerampfer als Gewürzspender.

Eier-Brotaufstrich

100 g geräucherten Speck,
1/2 l Milch,
4 Eßl. Mehl,
1 Ei,
Salz, Pfeffer

Speck in Würfel schneiden und in der Pfanne auslassen. Milch, Mehl und Ei verrühren, zu dem Speck geben und einige Minuten durchkochen lassen, bis die Masse dicklich ist. Mit wenig Salz und Pfeffer abschmecken.

Diese Eifeler Spezialität nennt man im Norden der Eifel „Eiermösch" (Gemisch), im Süden „Eierschmeer" (Schmier), im Monschauer Raum „Trevvel" (von tribeln = kneten, mengen). Nach dem alten Eifeler Rezept durfte nur ein einziges Ei im Schmierbrei enthalten sein (mehr Eier wurden als Rühreier gesehen), und auf dieses eine Ei konnte man notfalls sogar verzichten. Der Eier-Speckbrei wurde heiß – und dick – aufs Brot gestrichen. War die Butter knapp, konnte man beim Eierschmier diese als Brotaufstrich weglassen.

Rühreier nach Art des Hauses

4-6 Eier,
Salz,Pfeffer,
Bratfett,
2 Scheiben Weißbrot,
Kräuter

Die Eier mit einer Prise Salz und wenig Pfeffer gut verquirlen. Das Bratfett in der Pfanne erhitzen, die Eier hinzugeben und mit dem Holzlöffel durchziehen. In einer Pfanne Weißbrotwürfel rösten und diese „im letzten Augenblick" unter das Rührei geben. Mit Kräutern nach Wahl servieren.

Als Stärkungsmittel wurde schwächlichen Kindern möglichst häufig ein Ei gegeben. Kranke Kinder bekamen in einer Emailletasse ein Rührei ans Bett gebracht und dieses förderte tatsächlich die Genesung. Der „Wasserpastor" Sebastian Kneipp hielt allerdings nichts von Eiern für Kinder: „Die Eier taugen für die Kindernatur durchaus nicht, sie helfen bloß ihre Nervosität in die Höhe schrauben."

Bauernomelett

6-8 Kartoffeln,
100 g Speck,
2 Zwiebeln,
Salz, Pfeffer,
4-6 Eier,
Butter

Die mittelgroßen Kartoffeln kochen, pellen, in Scheiben schneiden und in ausgelassenem Speck mit den Zwiebeln in der Pfanne braten. Mit Salz und Pfeffer würzen. Die verrührten Eidotter der Eier zu dem zu festem Eischnee geschlagenen Eiweiß geben. Butter in einer Pfanne erhitzen und den Eierteig hinzugeben und backen bis die Unterseite lichtbraun ist, die Oberseite soll cremig bleiben (nicht wenden). In das fertige Omelett werden die Speckkartoffeln eingeschlagen.

Das Eifeler Bauernomelett wurde auch mit Blut- und Leberwurststückchen gefüllt. Neben Champignons gibt das Trierische Kochbuch auch gedünstete Nieren als Omelettfüllung an. Ansonsten kann das Bauernomelett mit jedem Gemüse (leicht abkochen) aus dem Bauerngarten gefüllt werden: Spinat, Kohlrabi, Blumenkohl, Rosenkohl usw., getrennt oder bunt gemischt. Auch mit Kräutern sollte man nicht sparen. Süße Omeletts füllte man mit frischen oder eingemachten Früchten.

Genieße, was Dir hier beschieden,
entbehre gern, was Du nicht hast.
Ein jeder Stand hat seinen Frieden,
ein jeder Stand hat seine Last.

Das Schlachtfest

In einer Rezeptzusammenstellung Eifeler Schulen ist folgendes über das Schlachten geschrieben: „Früher wurde in fast jedem Haushalt geschlachtet. Heute machen es sich die Leute bequem. Sie gehen einfach zum Metzger und kaufen sich die Leckereien, obwohl selber schlachten viel schöner ist. Es war etwas Besonderes, und es gab immer ein Fest." Das Schlachten war tatsächlich ein frohes Ereignis, obwohl die Hausschlachtung mit viel Arbeit verbunden war. Verwandte und Nachbarn kamen in froher Erwartung, denn den ganzen Tag über gab es gut und viel zu essen – und manches Schnäpschen zu trinken. Selbstverständlich war es, daß die „Festtagsgäste" mit anpackten, wo ihre Arbeitskraft benötigt wurde.

Ein- oder zweimal im Jahr wurde früher in jedem Haus des Dorfes ein Schwein geschlachtet, das man mit Kleie und Küchenabfällen, mit gedämpften Kartoffeln und Kartoffelschalen gemästet hatte. In einer großen Bauernfamilie fand die erste Schlachtung vor dem Dreschen statt, denn dann wurde viel Fleisch benötigt, um all die fleißigen Helfer satt zu bekommen. Hatte das Dreschen in einer kleineren Landwirtschaft nicht so große Bedeutung, so wurde dort kurz vor Weihnachten ein Schwein geschlachtet. Die zweite Schlachtung in den Eifeler Haushalten fand dann meist im Februar statt. Dieses Fleisch mußte bis Ostern oder bis zur Frühjahrskirmes reichen.

Das Schwein wurde im Hof geschlachtet. War dieser zu klein, ging man auf die Straße. Zur Vermeidung von Bränden wurde das Absengen des Schweins zeitweise außerhalb des Dorfes oder vor den Stadttoren vollzogen, wie z.B. in Euskirchen: „Man brachte das tote Schwein auf einer Strohlage mit einer Schürreskaar (Schubkarre) vor das Disternicher Tor an den Veybach... Mit einzelnen in Brand gesetzten Strohwischen sengte man die stehengebliebenen Borsten weg. Borsten, Stroh und Asche ließ man liegen. Man überließ Wind und Wetter die Säuberung des Arbeitsplatzes."

In einem Bericht von 1920 ist folgende Schlachtsitte überliefert: „In sonderbarer Weise geschah das Schlachten noch vor 40 Jahren in dem altertümlichen Städtchen Münstereifel. Auf offener Straße wurde das dem Tode geweihte Borstentier abgestochen. Dann hackte man ihm die Beine und ein Stück Schnauze ab und fuhr den Rumpf auf einem Schiebkarren vor das Stadttor. Hier sengte man auf einem bestimmten Platz mit Strohfackeln die Borsten ab und brachte darauf den mit Ruß geschwärzten Körper wieder vor das Haus des Eigentümers, wo er mit heißem Wasser gereinigt wurde."
Für das sonderbare Abhacken der Füße und der Schnauze fand der Berichterstatter (Prof. Hürten) folgende Erklärung: Entweder beugte man einem Scheintod des Schweines vor oder der Rest eines „uralten, heidnischen Opfergebrauches" war erhalten geblieben. Aus anderen Eifelorten ist dieses „Schlachtopfer" nicht bekannt.

Das Schlachten in der Eifel ist auch folgendermaßen beschrieben: „Das Schlachten wird von geübten Landwirten – berufene Metzger gibt es hier nicht – auf dem Hofe besorgt; das Blut wird sofort in einer Schüssel aufgefangen, das Sengen der Borsten mit Strohfackeln sogleich getätigt. Im Hause findet dann das Aufteilen statt, wobei die Bereitung von Blut- und Leberwurst in die „Treupen" (Gedärme) eine Hauptarbeit darstellt. Öhrchen, Füße und Schnauze werden ihrer Fleischteile entledigt und diese zu Sülze (Zadderich) gekocht, welche kalt genossen, aus großen Schüsseln vorzüglich mundet. Einige Stück Fleisch werden frisch gegessen, Abfälle und Reste zu kräftiger dunkler Vorsuppe, Gehäck genannt, bereitet, die übrigen Fleischstücke und die Schinken wandern in den Kamin."

Zusätzlich wurde Fleisch, Speck, Knochen und „Geknüchels" (kleine Teile wie Ohren, Pfoten usw.) in großen Holzbottichen oder im „Fleischstein“ eingepökelt. Das Pökeln mußte gekonnt sein. In handgeschriebenen Aufzeichnungen einer Eifelerin heißt es: „Fleisch wird eingesalzen mit Feinsalz, tags drauf auf 20 ltr. Wasser 8 Pfd. Salz und 100 gr. Salpeter nach dem Erkalten auf das Fleisch schütten, so daß der Pökel über dem Fleisch steht.“ Das Fleisch wurde im Laufe der nächsten Monate zum Kochen herausgeholt. Speck und Knochen blieben nur 8 bis 14 Tage in der Salzlake, dann wurden sie gewässert, zum Trocknen aufgehängt und kamen anschließend in die Räucherkammer. Dort wurden in einem Behälter Sägemehl mit Wacholder angezündet, wodurch der Schinken haltbar und schmackhaft wurde. Das Einmachen von Fleisch in Einweckgläsern wurde erst in unserem Jahrhundert üblich, bis schließlich die Gefriertruhe die Konservierung vereinfachte.

Bei der Herstellung der Wurst hantierten die Frauen mit hochrotem Kopf in der Küche. Die Wurstmasse mußte hergestellt, sorgfältig gewürzt und in Därme gefüllt werden. Die gekochten Würste hinterließen eine fette Wurstbrühe, die in verdünntem Zustande eine leckere Suppe abgab. Waren die Nachbarn nicht zum Schlachtfest gekommen, so brachte man ihnen einen Topf Suppe hinüber, oftmals auch Panhas, ein Pfannengericht aus Blut, Mehl und Speckwürfelchen. Für seine Pflicht hielt es der Eifeler, daß er den Armen, Alten und Kranken des Ortes ein „Wurstpaket“ brachte. Auch der Pfarrer wurde mit einer „Säng“ (Seng, von sengen) bedacht.

Von den vielen Rezepten zum Schlachten sei als Beispiel die Zubereitung der beliebten Eifeler Blutwurst aufgezeichnet.

Blutwurst

2 1/2 kg Schweinefleisch (Lunge, Herz, Niere), abgebrühte Speckwürfel, 2 - 2 1/2 l angewärmtes Blut, 1/2 l Milch, 150 g Salz, 8 g Pfeffer, etwas Pökelsalz

Das gekochte Fleisch wird feingehackt, mit Speckwürfeln, Blut und Milch vermengt und mit Gewürzen (Majoran, Zwiebel- und Nelkenpulver u.a.) abgeschmeckt. Das Blut muß, solange es noch warm ist, gerührt und dann durchgesiebt werden, damit es flüssig bleibt. Die Masse wird in Schweinsdärme gefüllt (3/4 voll) und in Salzwasser gekocht, bis beim Hineinstechen kein Blut, sondern nur klares Fett heraustritt. Danach kann die Wurst geräuchert werden.

Quellenangaben:

Professor Hürten: Seltsamer Brauch beim Schweineschlachten, in: Eifelvereinsblatt Nr. 1/1920

Adam Wrede: Eifeler Volkskunde, Bonn 1960 (Erstauflage 1924)

Ed. Klippel: Schweineschlachten um die Jahrhundertwende, in: Die Eifel 11/12, 1962

Walter Rechmann: Gesundheitswesen und Gesundheitspflege in der Stadt Euskirchen, Euskirchen 1985

Joachim Schröder: Frühere Spezialitäten aus der Eifeler Küche, in: Zwischen Venn und Schneifel, Nr. 1/1994

Etwas das und etwas dies
ist die ganze Kunst!
Nicht zu sauer, nicht zu süß,
bringt's Dir reichlich Gunst;
und was man am meisten pries
war oft eitel Dunst.

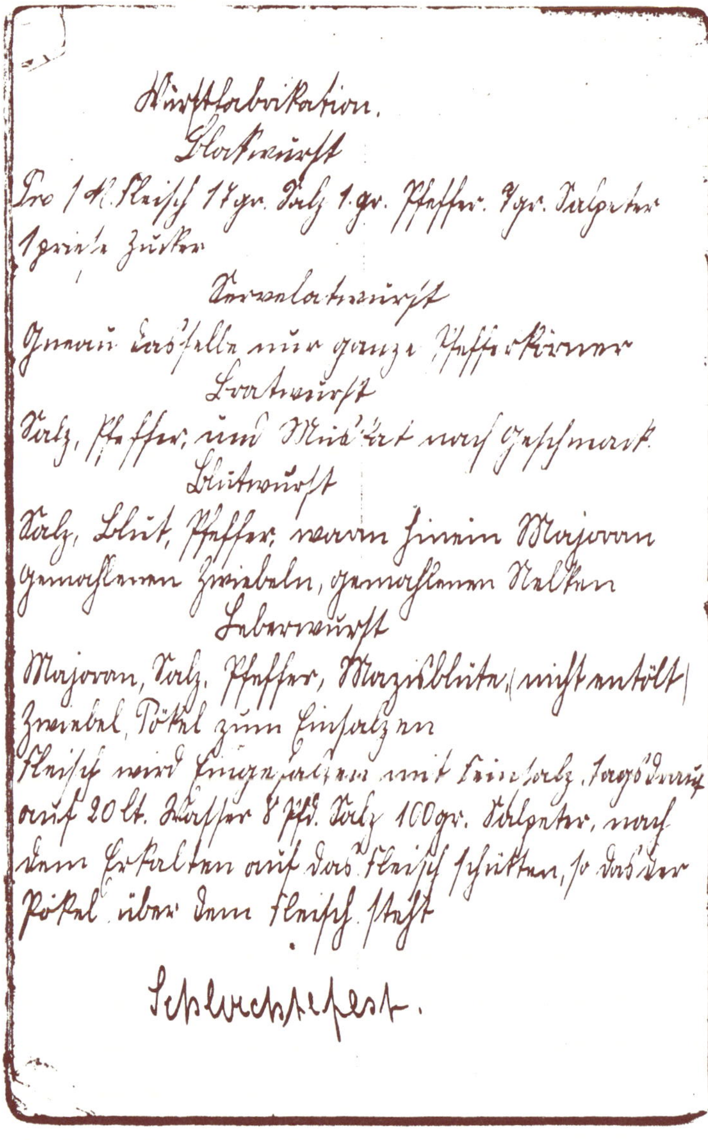
Wurstfabrikation.

Blockwurst

Pro 1 kl. Fleisch 18 gr. Salz 1 gr. Pfeffer. 3 gr. Salpeter
1 prise Zucker

Servelatwurst

Genau dasselbe nur ganze Pfefferkörner

Bratwurst

Salz, Pfeffer und Muskat nach Geschmack.

Blutwurst

Salz, Blut, Pfeffer, warm feinen Majoran
gemahlenen Zwiebeln, gemahlenen Nelken

Leberwurst

Majoran, Salz, Pfeffer, Muskatblüte (nicht entölt)
Zwiebel, Pökel zum Einsalzen
Fleisch wird eingesalzen mit Kernsalz, dazu
auf 20 lt. Wasser 8 Pfd. Salz 100 gr. Salpeter, nach
dem Erkalten auf das Fleisch schütten, so daß der
Pökel über dem Fleisch steht

Schlachtefest.

Notizen von Kätchen Esch (1908-1994) aus Steinborn, Pfarrhaushälterin in Trier

Fleisch-, Wild-, Geflügel- und Fischgerichte

Kein anderes Nahrungsmittel hat so häufigen Wandel in der Menschheitsgeschichte erfahren wie das Fleisch: mal hoch gelobt, mal verbannt, mal der vornehmen Gesellschaft zugeordnet, mal dem „barbarischen" Pöbel zugeschoben. Neben Rind-, Kalb-, Ochsen- und Schaffleisch kam vorrangig Schweinefleisch auf den Tisch. Zwischen dem 5. und 18. Jahrhundert war die freie Schweinehaltung in den Eifelwäldern üblich. Die Ausdehnung der Waldgebiete berechnete man nicht in abstrakten Oberflächenbegriffen, sondern anhand der Menge an Schweinen, die mit Eicheln, Bucheckern und anderen Waldfrüchten gemästet werden konnten. Im Jahr 848 schrieb der Prümer Mönch Wandalbert in seinem berühmten Bauernkalender vom Monat Dezember: „Jetzt auch pflegt man die Schweine zu schlachten, welche die Eichel/ Ausgefüttert schon hat, so daß sie die völlige Mast durch/ Wanstigen Bauch bekunden und hängt in den laulichen Rauch sie,/ Wenn man die Rücken zuvor mit befeuchtetem Salze bestreut hat."

Von den Franken ist berichtet, daß sie „eine unbezwingliche Vorliebe" für Speck hatten, ob gebraten, gekocht, gebacken oder geschmort. Aber auch roh verzehrten sie ihn. Der griechische Arzt Anthimos schrieb im 6. Jahrhundert darüber: „Was den rohen Speck anbetrifft, den die Herren Franken zu essen pflegen, wundere ich mich sehr, wer ihnen ein solches Heilmittel bekanntgemacht hat, so daß sie keine anderen Medikamente mehr brauchen." Bis in unsere Zeit hinein war der Speck das Leib- und Magengericht der Eifeler. Mit Zwiebeln gebraten oder als dicke Mehl- und Specksoße war Speck die Eifeler Spezialität schlechthin und wurde fast zu allen Mahlzeiten gereicht: zu Suppen, Eintöpfen, Aufläufen, Fleisch, Gemüsespeisen und Salaten. Oftmals nur für den

Hausherrn gab es zusätzlich Speck in Form einer Scheibe (Schiif, Lappe, Flarre, Flatsch). Selbstverständlich war es, daß bei einer Mahlzeit der Herr des Hauses das größte Stück des Bratens bekam. „Et geht nüs över Gemös on Fleesch", heißt es im Text einer Eifeler Polka. Dabei verzichteten die Männer eher auf Gemüse als auf Fleisch.

Fleisch gab es vorwiegend aus der Eigenversorgung. In jedem Stall und jedem Koben grunzte ein Schwein, das mit Küchen- und Gartenabfällen gemästet und im Winter geschlachtet wurde (s. Schlachtfest). War das Frischfleisch aufgegessen, ging man ans Eingemachte und in den Rauchfang, wo die Schinken- und Speckseiten hingen. Waren diese aufgebraucht, so standen magere Wochen an. Für den Kauf für Fleisch hatten die meisten Dorfbewohner kein Geld. Im Volksmund war daher auf die Frage: „Was gibt es heute zu Mittag?" die lakonische Antwort üblich: „Kein Fleisch!"

In Notzeiten brachten Mißernten nicht nur für die Menschen Hungersnöte, sondern auch für die Haustiere. Viehseuchen waren die Folge, und Schweine und Rinder als Fleischlieferanten fielen aus. Im Notjahr 1817 schien der Appetit und die Lust auf Fleisch unbezwingbar zu sein, denn als Männer bei Marmagen den Kadaver eines Wolfs fanden, schleppten sie diesen nach Hause und verzehrten ihn gierig wie ein Wolf.

Auch 1853 herrschte eine Hungersnot. In einer Denkschrift an die preußische Regierung heißt es über die Bewohner der Eifel: „Man kann ohne Übertreibung sagen, daß zwei Drittel der gesamten Bevölkerung nur einmal im Jahre Fleisch genießt." Fleischlose Zeiten brachten in jüngerer Vergangenheit die Kriegs- und Nachkriegsjahre, auch für die Selbstversorger in der Eifel, mußten diese doch laut bestehender Ablieferungspflicht nicht nur Eier, Gemüse und Kartoffeln sondern auch Fleisch aus der Hausschlachtung abgeben. Daß manches Schwein „schwarz" geschlachtet wurde, damit man genügend Fleisch für den Eigenverbrauch hatte, gehörte dann ebenfalls zur Selbstversorgung. Ansonsten war man froh, wenn in einem Hilfspaket der Amerikaner etwas Dosen-Pferdefleisch enthalten war.

Sonntagsbraten und Werktagswurst

Waren die Zeiten auch noch so schlecht, so setzte man doch alles daran, an den Festtagen ein Fleischgericht anbieten zu können: Eifeler Schmor- oder Sauerbraten, Schweinepfeffer oder „Hövvelche op Fleesch" (Schnitzel mit Auflage) oder bei einem großen Familienfest sogar einen Ochsenbraten oder ein Spanferkel. Gab es ein unvorhergesehenes Ereignis, so half man sich in echter Nachbarschaftshilfe aus. Das funktionierte im Kleinen, aber auch im Großen. So ist von 1551 überliefert, daß für die Bewirtung der Gäste zum „Leichenbegengus" Dietrichs IV. von Manderscheid-Schleiden die umliegenden Fürstentümer mit Fleisch und Lebensmitteln aushalfen: Der Herzog von Jülich, der Erzbischof von Köln, der Abt von Prüm und der Herr von Dreiborn. So kamen zahlreiche Wildenten, Schnepfen und sechs große Ochsen (synt ganz drauffgegangen) auf den Tisch. Der Kölner Koch brachte dann noch 300 Feldhühner auf Rechnung mit.

Suppenfleisch zu stoven

1 kg Suppenfleisch vom Rind,
Salz, Suppengrün,
Fett, 1 Zwiebel, Mehl,
Pfeffer, Essig,
1-2 Eßl. süße Sahne

Das gewaschene Fleisch wird mit kochendem Wasser aufgesetzt und mit 1 Teel. Salz und Suppengrün in 1 1/2 bis 2 Stunden langsam gar gekocht. Dann schneidet man das Fleisch in Scheiben. Für die Soße läßt man in heißem Fett die feingeschnittene Zwiebel gelbbraun werden, „doch sei man achtsam, daß sie keinen brenzlichen Geschmack erhält. gebe Mehl hinzu, mache unter stetem Durchrühren auch dies bräunlich und rühre es mit Suppenbrühe zu einer reichlichen und recht sämigen Sauce." Mit Salz, Pfeffer, Essig und der süßen Sahne wird abgeschmeckt. Man läßt das Suppenfleisch 15 Minuten in der Soße durchziehen, „stoven".

Im Gegensatz zum geräucherten Fleisch (et Geröch) nennt man das frische Fleisch das grüne Fleisch (grön Fleesch). Wurde das Fleisch nicht richtig gar, so sprach man von fraggisch, well oder frid Fleesch (zähes Fleisch). Im Schleiden-Hellenthaler Raum war die Redewendung bekannt: „Dat Fleesch ka mer trekke wie en Moneka" (das Fleisch kann man ziehen wie ein Akkordeon). In Trier-Mehring hieß es: „Wo aler de Kuh, wo zäher et Fleesch" (je älter die Kuh, desto zäher das Fleisch). War das Fleisch jedoch zu weich, so wurde es als „lappech" abgewertet. Wie beliebt die Rindfleischsuppe war, wurde schon bei den Suppen erwähnt. Der Volksmund weiß genau, wieviel Fleisch man nehmen muß: Siwe Pont Rendfleesch jett en jot Zopp (Sieben Pfund Rindfleisch ergeben eine gute Suppe).

Sauerbraten (Eifeler)

1 kg Rindfleisch (aus der Keule),

Beize:
3/8 l Wasser,
3/8 l Kräuteressig,
1 Lorbeerblatt,
6 Pfefferkörner,
1/2 Teel. Senfkörner,
1 Prise Salz,
1 Zwiebel

Rindfleisch abspülen, trocknen, Fettstreifen diagonal einkerben und das Fleisch in eine tiefe Schüssel legen.

Für die Beize das Wasser und den Essig mit den Gewürzen und der geschälten, in Scheiben geschnittenen Zwiebel kurz aufkochen und noch heiß über das Fleisch geben. Zugedeckt 2-3 Tage an

Braten:
Salz, Pfeffer,
40 g Fett, 1 Zwiebel,
2 Eßl. Zucker,
2 Eßl. Rosinen,
Lebkuchen (oder Brot),
Sahne, Stärkemehl,
Essig

einem kühlen Ort durchziehen lassen, dabei gelegentlich wenden.

Fleisch aus der Beize nehmen, abtupfen und mit wenig Salz und Pfeffer bestreuen. Das Fett erhitzen, das Fleisch hineinlegen und von allen Seiten braun braten. Die gewürfelte Zwiebel zum Schluß mitbräunen und etwas von der durchgesiebten Beize zugießen. Den Zucker zufügen und alles etwa 1 1/2 Stunden leicht kochen lassen. Von Zeit zu Zeit weitere Beize zugießen. Kurz vor Ende der Garzeit die gewaschenen Rosinen und einige Lebkuchenbröckchen mitkochen lassen. Das Fleisch herausnehmen und die Fleischbrühe mit etwas in Sahne angerühter Speisestärke andicken und mit Essig und Zucker kräftig süß-sauer abschmecken. Den Sauerbraten in Scheiben schneiden und in die Soße zurücklegen. Mit Salzkartoffeln oder Kartoffelklößen sowie mit Rotkohl oder Apfelmus servieren.

In früheren Zeiten wurde der Sauerbraten aus der Pferdekeule zubereitet. Anstelle des Lebkuchens nahm man auch eine Brotrinde, in Aachen Kräuterprinten. Im Gegensatz zum Aachener und zum rheinischen Sauerbraten verzichtet der Eifeler Sauerbraten auf Gemüse wie Möhren und Lauch.

Ochsenbraten (gedünstet)

4 kg Ochsenfleisch,
Salz, Pfeffer,
2 Zitronen,
1/2 l Wein,
1/2 l Fleischbrühe,
1 Zwiebel,
1 Lorbeerblatt

Ochsenfleisch wurde meist in einer großen Portion gebraten. So ist auch dieses alte Rezept für eine große Tafel gedacht (ca. 15-20 Personen): Man nimmt ein großes, etwa sechs bis acht Pfund schweres, gut fleischiges Stück vom Ochsen, schneidet die Knochen heraus, klopft und reibt es mit Salz und Pfeffer gut ein und läßt es so über Nacht stehen. Dann reibt man es mit dem Mark aus zwei und dem Gelben einer Citrone ein, bindet es zu einer hübschen Form und thut es in eine Kasserole. Dazu gießt man 1/2 Liter Wein und ebensoviel Fleischbrühe, gibt einige Scheiben Citrone, eine Zwiebel und ein Lorbeerblatt hinzu, deckt die Kasserole zu und dünstet das Fleisch langsam in 4 Stunden weich. Man gibt diesen Braten warm mit der Sauce; es passen dazu alle Arten von Beilagen, Gemüse, Salat etc. Auch kalt ist er ein treffliches und dankbares Gericht.

Wie zur Kirmes (s. Ochsenschwanzsuppe), so gab es auch zu Hochzeiten und anderen Familienfeiern einen Ochsenbraten. Drei und mehr Zentner brachte das Tier als Schlachtgewicht auf die Waage. Ansonsten wurden Ochsen zur Feldarbeit gebraucht und waren treue Gefährten des Eifelbauern. Daß Ochsen alles andere als dumm sind, beweist ein altes Eifeler Stöckelche aus Buir (Gemeinde Nettersheim): Der Bauer Anton quälte sich mit seinem Ochsen beim Pflügen. Das Zugtier folgte seinem eigenen Dickschädel, so daß die Furchen Schlangenlinien ähnelten. Ratlos – wie ein Ochs vor'm Berg – versprach Anton schließlich dem Ochsen für jede grade Furche „ne blanke Daler en de Hand". Und prompt zog der Ochse den Pflug nun schnurgerade durch den Acker.

Rindszunge-Frikassee

1 Rinderzunge,
Salz, Wasser,
30 g Butter,
1 Zwiebel, 40 g Mehl,
Zitronenscheiben,
Muskat, Pfeffer,
1/2 Glas Weißwein

Das alte Rezept lautet: Eine frische Rindszunge setzt man früh mit Salz in Wasser auf's Feuer, schäumt sie und läßt sie ganz weich kochen, was sehr lange dauert. Je nach dem Tier kann man 5-6 Stunden rechnen. Dann zieht man ihr die Haut ab, putzt sie sauber am Ende von allem Anhängsel und schneidet sie in Scheiben. Dann läßt man reichlich Butter fast gelb werden, rührt darin eine große feingeschnittene Zwiebel und 2 Eßl. Mehl, gibt Zungenbrühe dazu, einige Citronenscheiben, Muskat, etwas feingestoßenen weißen Pfeffer, auch nach Gutdünken 1/2 Glas weißen Wein und legt die Zunge in die kochende Brühe und läßt sie 1/4 Stunde langsam kochen. Die Flüssigkeit mit Mehl zu einer Sauce andicken.

Auffallend ist in alten Rezepten, daß die Kochzeit meist sehr hoch berechnet ist. So reichen zum Kochen der Zunge auch 3 bis 4 Stunden. Zur Haltbarmachung wurde Zunge früher eingesalzen (Salz, Salpeter, Pfeffer, Nelken, Lorbeerblätter) und hielt sich dann 10 Tage im Keller. Anschließend konnte man sie leicht räuchern.

Kalbschnitzel-Schwalbennester

4 Kalbschnitzel, Salz, 4 Scheiben roher Schinken, 4 Eier, Fett, Mehl, saure Sahne

Die Kalbschnitzel werden geklopft, mit Salz eingerieben, mit Schinkenscheiben und hartgekochten Eiern belegt, aufgerollt, mit einem Faden umwickelt und in heißem Fett angebraten. Mit etwas Mehl überstäuben und 20 Minuten schmoren lassen. Dann mit der Sahne übergießen. Die Rollen der Länge nach durchschneiden. Mit der Schnittseite nach oben die „Schwalbennester" mit etwas Tunke anrichten.

Während man im allgemeinen ein Hackfleischgericht mit gekochten Eiern als „Schwalbennester" bezeichnet, ist in der Eifel unter diesem Namen das obige Kalbschnitzel-Rezept überliefert.

Spanferkel

1 Spanferkel (ca. 4 kg), Salz, Pfeffer, Butterfett

Das vorbereitete und ausgenommene Spanferkel (6 Wochen alt) wird gewaschen und mit einem Tuch innen und außen gut abgerieben. Dann bestreut man es mit Salz und Pfeffer und bestreicht es mit Butterfett. Ohren und Schwanz mit Alufolie einwickeln (damit sie nicht verbrennen), die erst 30 Minuten vor Ende der Bratzeit entfernt wird. Immer wieder das Ferkel mit seinem eigenen Saft übergießen, allerdings in der letzten halben Stunde der Garzeit nicht mehr, damit sich eine knusprige Kruste bildet. Garzeit ca. 3 bis 4 Stunden. Am besten schmeckt ein Spanferkel, wenn es am Spieß im offenen Feuer gebraten wird, ansonsten im Backofen.

Wer denkt beim Spanferkel nicht an die Säubrenner von Wittlich. Auf der dortigen Säubrennerkirmes dreht sich alles um Spanferkel am Spieß, die viele Besucher anlocken. Die Grundlage dieses Festes liegt in einer Sage begründet. Bei einer Belagerung schlossen die Wittlicher einst das Stadttor mit einer Rübe, die ein nichts Böses ahnendes Schwein genüßlich auffraß, womit es den Feinden freien Einlaß gewährte. Mit dem armen Schwein wurde kurzer Prozeß gemacht und das Todesurteil ausgesprochen. Bis heute müssen Ferkelchen für dieses Mißgeschick ihrer Urahnin büßen.

Schmorbraten (Alt-Eifeler)

1 kg Schweinenacken,
Salz, Pfeffer,
Öl, 4 Zwiebeln,
1 Lorbeerblatt,
4 Pimentkörner,
5 Eßl. Weinessig,
1/2 l Malzbier,
5 Eßl. Honig,
Mehl

Das Fleisch (ohne Knochen) mit Salz und Pfeffer einreiben. Einen Bräter mit Öl ausschwenken und mit Zwiebelringen, dem Lorbeerblatt und den Pimentkörnern belegen. Das Fleisch darauflegen. Den Essig und das Malzbier mischen und den Honig darin auflösen. Soviel von dieser Flüssigkeit in den Topf gießen, daß das Fleisch halb bedeckt ist. Den Topf gut verschließen (nach dem alten Rezept, den Deckel mit einem Wasser-Mehlteig verkleben). Den Bräter in den Backofen schieben und den Braten 90 Minuten bei 200° schmoren lassen. Das gare Fleisch herausnehmen, die Bratflüssigkeit durchsieben und mit Mehl zu einer Bratensoße binden. Diese mit Salz und Pfeffer abschmecken und über den in Scheiben geschnittenen Braten geben.

Dieses Grundrezept für den Alt-Eifeler-Schmorbraten läßt sich vielerlei variieren. Als Fleisch kann man ebenfalls Rinder-, Kalb- oder Hammelfleisch nehmen. Kräuter nach individuellem Geschmack können hinzugefügt werden: Liebstöckel, Majoran, Rosmarin, Knoblauch, aber auch Apfelscheiben. Das Malzbier läßt sich durch Kölsch, Weiß- oder Rotwein ersetzen, und die Flüssigkeit kann man ungesiebt als „Püree-Soße“ mittels Weinbrand und Semmelbrösel binden.

Schweinepfeffer süß-sauer

1 kg Schweinefleisch (aus der Schulter)

Marinade:
3/8 l Wasser,
1/8 l Essig,
2 Zwiebeln,
5 Pfefferkörner,
1 Lorbeerblatt,
Thymian

zum Braten:
50 g Räucherspeck,
3 Zwiebeln,
Lebkuchen oder Brot,
Majoran, Kümmel,
Salbei, Zucker

Für den Schweinepfeffer zunächst die Beize herstellen. Dafür kocht man das Wasser mit dem Essig, den in Ringen geschnittenen Zwiebeln und den Gewürzen kurz auf, gießt es über das Fleisch und läßt es in der Beize über Nacht ziehen. Am anderen Tag das Fleisch herausnehmen, abtupfen, in große Würfel schneiden und diese in dem ausgelassenen Speck (oder in Fett) anbraten. Die grob geschnittenen Zwiebeln zu dem Fleisch geben, mit halb Wasser, halb Marinade ablöschen und angießen und das Schweinepfeffer in ca. 60 Minuten garschmoren. Mit den Gewürzen (je eine Messerspitze) kräftig süß-sauer abschmecken und die Flüssigkeit mit eingeweichtem Lebkuchen oder Brot andicken.

Die Empfehlung, das Fleisch bereits vor dem Beizen in Würfel zu schneiden, ist nur nachahmenswert, wenn man das Schweinepfeffer äußerst sauer haben möchte (Essig zieht von allen Seiten ins Fleisch ein). Das alte Rezept „Schweinepfeffer nach Alt-Eifeler Art" rät, die Soße mit Schweineblut anzudicken, um einen „eigenen, aber besonders guten Geschmack" zu erhalten. Ein weiteres Rezept läßt etwas Trockenobst mitschmoren.

Schweinemedaillons mit Kölsch-Kümmelrahm

*Schweinemedaillons,
Salz, Pfeffer,
Mehl, Bratfett,
Butter,
Knoblauchzehe,
Kümmel,
Kölsch, Sahne*

Aus Schweinefilet Medaillons schneiden, diese mit Salz und Pfeffer würzen und in Mehl wenden. Die Medaillons in heißem Fett unter ständigem Begießen einige Minuten braten, aus der Pfanne nehmen und warmstellen. Das Bratfett abschütten. Nußgroßes Butterstück in den Bratfond geben, mit der klein geschnittenen Knoblauchzehe und dem Kümmel kurz anschwitzen. Einen Schuß Kölsch zugeben und mit der Sahne verfeinern. Mit Salz und Pfeffer würzen und die Soße durch ein Sieb über die Medaillons passieren. Sofort servieren.

Schweinemedaillons in einer Soße von Pflaumen und Armagnac haben in einem renommierten Südeifeler Hotel-Restaurant die Ehre, den Namen der großen Eifel-Dichterin zu tragen: Schweinemedaillons „Clara Viebig".

Schweineschnitzel mit Auflage

4 Schweineschnitzel,
Salz, Pfeffer,
1 Ei, Paniermehl,
Fett,
200 g Räucherspeck,
3 g Zwiebeln,
50 g Weißbrot

Die Schnitzel klopfen, mit Salz und Pfeffer bestreuen und im aufgeschlagenen Ei und in Paniermehl wenden. Das Fett erhitzen und die Schnitzel darin ca. 3 Minuten auf jeder Seite schön braun braten und zugedeckt noch 2 Minuten schmoren lassen. Inzwischen in einer anderen Pfanne den in dünne Streifen geschnittenen Speck in etwas Fett auslassen. Die Zwiebeln in Ringe, das Weißbrot in kleine Würfel schneiden und zu dem Speck geben. Wenn die Zwiebeln gar sind, das Ganze auf den fertigen Schnitzeln verteilen und servieren.

Diese Eifeler Spezialität, im Nordeifeler Dialekt „Hövelsche op Fleesch“ genannt, aß man zu Bratkartoffeln mit verschiedenen Gemüsen. Auch heute sind sie äußerst beliebt und eine rustikale Alternative zu Paprika-, Jäger- oder Wiener Schnitzel. Daß man auch Koteletts mit einem „Gemengsel“ belegte, sagt ein altes Rezept aus Trier: „Man thut Weckmehl auf einen Teller, hackt dazu fein ein paar Zwiebeln, Petersilie und einige Sardellen oder ein Stück Hering und vermengt dies nebst Salz und Pfeffer mit dem Weckmehl. Die Koteletten belegt man dick mit diesem Gemengsel.“

Schweinebauchrouladen

500 g frischer Schweinebauch,
Salz, Pfeffer,
Senf, 1 Zwiebel,
100 g Sauerkraut,
Fett, saure Sahne,
Mehl

Schweinebauch in 1 bis 2 cm dicke Scheiben schneiden und gut klopfen. Die Scheiben mit Salz und Pfeffer bestreuen und mit Senf bestreichen. Die Zwiebel schälen und in Ringe schneiden, das Sauerkraut auseinanderzupfen und mit den

Zwiebelringen auf die Bauchfleischscheiben legen, diese aufrollen, in Fett anbraten, mit Wasser auffüllen und in 30 bis 45 Minuten gar dünsten. Die Soße mit in saurer Sahne angerührtem Mehl binden.

Dieses Eifelgericht ist 1981 als „Ferkesbuchroulade" aus Mahlberg am Michelsberg (Bad Münstereifel) übermittelt (Das Kochbuch aus der Eifel). Als „Sauerkraut im Bratenrock" werden die „bäuerlichen Fleischrollen" mit Tomatenmark in ausgelassenem Speck gebraten.

Schinkenscheiben gebraten

4 Scheiben Knochenschinken,
Milch,
1 Ei, 1/8 l Bier,
Salz, 50 g Mehl,
Butterfett

Die schnitzeldicken Scheiben des Schinken werden weich geklopft und einige Stunden in Milch gelegt. Man verrührt das Ei, Bier, Salz und Mehl, läßt das Gemisch 15 Minuten quellen und wendet dann die Schinkenscheiben darin. Dann brät man die Scheiben in Fett, bis der Fettrand glasig ist. Auf Küchenkrepp etwas ablaufen lassen und heiß zu Kartoffelsalat reichen.

Einen besonders guten Ruf hat der Ardennenschinken. Er stammt bis heute von Schweinen der Ardennen-Bauernhöfe – und nicht von Großmästereien. Ardennenschinken ist sorgsam gewürzt und gesalzen und wird nicht im heute üblichen Schnellverfahren, sondern nach altem Rezept monatelang langsam geräuchert. Ein vorzüglicher, einmaliger „Ardennen-Geschmack" ist der Lohn.

Schweinesülze mit Meerettichtunke

2 Schweinefüße,
2 Kalbsfüße,
2 l Essigwasser,
Salz, 1 Lorbeerblatt,
1 Zwiebel, 2 Nelken,
1 Knoblauchzehe,
3 Pfefferkörner,
2 Möhren,
3/4 kg Schweinenak-
ken,
1 Gewürzgurke,
1 hartgekochtes Ei

Für die Tunke:
30 g Butter,
40 g Mehl,
1/2 l Fleischbrühe,
1/4 Stange Meerret-
tich,
etwas Milch,
Salz, Zitronensaft

Die gewaschenen, kleingehackten Schweine- und Kalbsfüße werden in dem Essigwasser (nach Belieben halb Wasser, halb Essig oder weniger Essiganteil), den Gewürzen und der in Scheiben geschnittenen Möhre zum Kochen gebracht. Das Fleisch wird in Würfel geschnitten, zu den Füßen gegeben und weichgekocht. Die durch ein Sieb gegossene Brühe wird noch etwas eingekocht. In eine große Schüssel wird etwas Sulzflüssigkeit gegeben und zum Erstarren kühl gestellt. Möhre, Gurken und Eischeiben auf die Sülze legen und etwas Flüssigkeit darübergeben. Ist diese steif, wird das Fleisch eingefüllt und das restliche, abgekühlte Aspik darübergegeben. Die Sülze muß zum Erstarren ein paar Stunden kühl stehen. Vor dem Anrichten wird die Schüssel mit der Sülze kurz in heißes Wasser getaucht und die Sülze auf eine Platte gestürzt. Man kann sie in Scheiben schneiden und als „Sülzkoteletts" servieren.

Für die Meerrettichtunke stellt man aus Butter, Mehl und Fleischbrühe eine helle Mehlschwitze her. Man schält den Meerrettich, reibt ihn, vermischt ihn mit etwas Milch und gibt ihn zu der Grundsoße (nicht mehr kochen). Die Soße mit Salz und Zitronensaft abschmecken.

Sülze entsteht beim Auskochen der knorpeligen Teile ganz von selbst. Neben der Schmackhaftigkeit hat das Sülzen den Vorteil, daß es Fleisch gut konserviert. Schweinesülze wurde in den Eifelfamilien gerne abends zu Bratkartoffeln gereicht, aber auch bei Erntearbeiten aufs Feld gebracht. Eine Meerrettichtunke oder eine Remouladensoße gab es nur sonntags dazu.

Leber mit Äpfeln

4 Scheiben Leber, Milch, Pfeffer, Mehl, Salz, Fett, 2 Äpfel, 2 Zwiebeln

Um Leber vom Rind oder vom Schwein mild und zart zu machen, ist ein Einlegen in Milchwasser für 15 Minuten zu empfehlen. Nach dem Abtropfen Häute und Sehnen entfernen, die Leber kurz trocken tupfen und etwas pfeffern, in Mehl wenden und in heißem Fett 2 bis 3 Minuten auf jeder Seite braten. Erst nach dem Braten salzen, da die Leber sonst hart wird. In einer zweiten Pfanne Fett erhitzen und die geschälten, in Ringe geschnittenen Äpfel und Zwiebel braten. Diese über die Leber anrichten und mit Kartoffelpüree servieren.

Hauptsächlich nach dem Schlachten gab es früher Leber, zubereitet in verschiedener Form. Eine zusammengenähte Scheibe Leber, gefüllt mit einem Apfel-Zwiebelgemisch, war als „Buureböggel“ genau so beliebt wie der „Eifelrosenkranz“, bei dem Zwiebeln, Röschen vom Rosenkohl und Leberwürfel zu einem Kranz zusammengebunden und in Salzwasser 20 Minuten gegart werden. Für Leberknödel wird Leber durch den Fleischwolf gedreht, mit Zwiebeln, Speck, Eier, Salz und Mehl zu Knödeln geformt und diese in Salzwasser gegart.

Falscher Hase

500 g Gehacktes (halb Rind, halb Schwein), 2 Brötchen, 1 Zwiebel, 1 Ei, Salz, Pfeffer, Basilikum, 2 hartgekochte Eier, Paniermehl, Zitronensaft, 1 Tasse saure Sahne

Das Hackfleisch wird mit den eingeweichten und ausgedrückten Brötchen, mit der kleingeschnittenen Zwiebel, dem Ei und den Gewürzen gut vermischt. Die hartgekochten Eier werden eingefügt. Der Fleischteig wird zu einem länglichen Brot „ähnlich einem dicken Hasen geformt und Kopf, Ohren und Augen markiert". Den falschen Hasen leicht mit Paniermehl bestreuen und im vorgeheizten Backofen bei mittlerer Hitze etwa 30 Minuten garen, dabei mehrmals mit etwas Wasser übergießen. Aus dem Bratenfond läßt sich eine Soße herstellen, die mit Zitronensaft, Salz, Pfeffer und 1 Tasse saurer Sahne abgeschmeckt wird.

Mitte des 19. Jahrhunderts wurde der Fleischwolf erfunden, mit dem sich Fleisch leicht zu Gehacktem verarbeiten läßt. Bis dahin geschah die Herstellung von Hackfleisch sowohl im Privathaushalt als in den Fleischereien in Handarbeit. Mit dem kleinen Hackebeilchen und einem zweischneidigen Wiegemesser ging das Zerkleinern des Fleisches blitzschnell.

Schneckenhäuser

Fleischreste, 1 Ei, Brot, Pfannkuchenteig, Butter

Von übriggebliebenem, feingehacktem gegarten Fleischresten macht man mit dem Ei und dem eingeweichten Brot ein pikantes Füllsel. Man backt einige große Pfannkuchen, bestreicht diese mit dem Fleisch, rollt sie zusammen, schneidet diese in daumendicke Scheiben und backt sie in heißer Schmelzbutter.

Blutwurst gebraten

500 g Blutwurst,
Fett, 1 Zwiebel,
2 Äpfel

Die Blutwurst mit der Pelle in Scheiben schneiden und in der Pfanne in heißem Fett schnell braten. Dazu gibt man gedünstete Zwiebelringe und Apfelscheiben.

Gebratene Blutwurst ist eine Lieblingsspeise der Eifeler, die man nicht nur zu „Himmel und Erde“ oder Sauerkraut aß, sondern am Abend auch zu Bratkartoffeln. Einst gab es gebratene Blutwurst als zweites Frühstück am Weihnachtstag. Eine Streitfrage war es, ob Blutwurst nun Fleisch sei oder nicht. Manche Eifler Hausfrau entschied sich trotz der Speckanteile für ein Nein, und so gab es Blutwurst auch an Fasttagen. Auch der Panhas wurde nicht als Fleisch gesehen. Dieser wurde aus Schlachtresten mit Fleischbrühe, Schweineblut, Gewürzen und Buchweizenmehl hergestellt und wie Blutwurst gebraten. Kleingeschnittene Leber- und Blutwurststücke wurden mit Essig und Öl, Salz, Pfeffer und Zwiebel zu einem Hausmacher-Wurstsalat verwandelt.

Sparwurst

500 g gekochtes Schweinefleisch oder Bratwurstmasse,
1 kg Kartoffeln,
1 Zwiebel,
Salz, Pfeffer, Thymian

Um die mageren Fleischvorräte zu strekken, wurde für die Sparwurst das Schweinefleisch durch den Fleischwolf gedreht. Die Kartoffeln schälen, reiben und in einem Sieb abtropfen lassen. Beides miteinander vermengen und die feingehackte Zwiebel und die Gewürze dazu geben. Die Masse in Därme füllen, abbinden und in schwach kochendem Wasser garziehen lassen.

Brennender Vulkan

500 g Schweinemett,
2 Eigelb,
2 Teel. Petersilie,
4 Zwiebeln,
Salz, Pfeffer,
Mehl

Soße:
30 g Fett,
40 g Mehl,
1/2 l Brühe,
Tomatenmark,
Zucker,
1/2 Teel. Rum

Zu dem Schweinemett die Eigelb, feingewiegte Petersilie und die kleingeschnittenen Zwiebeln hinzugeben, mit Salz und Pfeffer abschmecken und etwas Mehl unterrühren. Aus dem Fleischteig vier unregelmäßig spitze Berge formen und mit dem nassen Stiel des Kochlöffels obenauf ein 1 cm tiefes Loch drücken. Für die Tomatensoße macht man aus Fett, Mehl und Brühe eine helle Mehlschwitze, die man mit dem Tomatenmark, einigen Hackfleischstückchen, Salz, Pfeffer und etwas Zucker abschmeckt. Auf die Teller füllen und den gebackenen Berg daraufsetzen. Mit dem Löffelstiel den Sud aus dem Loch drücken und vorsichtig hier den hochprozentigen Rum einfüllen. Mit einem Streichholz jeden Vulkan anzünden.

Die brennenden Hackfleischberge demonstrieren eindrucksvoll geologische Geschichte der Vulkaneifel. Das Gericht aus Bad Münstereifel bekam 1982 beim Wettbewerb des Hotel- und Gaststättenverbandes der Nordeifel einen Preis, ebenso die beiden folgenden Rezepte.

Speckkuchen

Für den Teig:
250 g Quark,
8 Eßl. Milch,
8 Eßl. Öl, 1 Ei,
Salz,500 g Mehl,
Backpulver
(1 Päckchen + 2 Teel.)

Aus den Zutaten für den Teig einen Quark-Ölteig herstellen, dazu die Zutaten verrühren und zu einem festen Teig verkneten. Diesen auf ein gefettetes Backblech verteilen und dabei den Rand hochdrücken.

Für den Belag:
500 g durchw. Speck,
2 Zwiebeln,
1/4 l saure Sahne,
2 Eier, 3 Teel. Mehl,
Pfeffer, Muskat,
geriebener Käse

Den Teig mit dem in Würfel geschnittenen durchwachsenen Speck und der kleingeschnittenen Zwiebel belegen. Die saure Sahne mit den Eiern, dem Mehl, etwas Pfeffer und einer Prise Muskat verquirlen und über den Speckbelag gießen. Den Speckkuchen mit geriebenem Käse bestreuen und im vorgeheizten Backofen bei 250° ca. 25 bis 30 Minuten backen.

Die alten Rezepte stellen den Boden für den Speckkuchen aus einem Mürbe- oder Hefeteig her. Mit dem Quark-Öl-Teig geht es jedoch einfacher und schneller.

Kaninchenpfanne mit Sellerie

1 kg Kaninchenfleisch,
50 g Schmalz,
2 Knoblauchzehen,
Salz, Pfeffer,
Weißwein,
Rosmarinzweig,
5 Eier, 50 g Quark,
Petersilie,
Sellerie, Mehl

Das Fleisch abspülen, abtrocknen und in mundgerechte Stücke zerlegen. In Schmalz die angeritzten Knoblauchzehen anschmoren, Fleisch zugeben und von allen Seiten leicht anbraten, dann salzen und pfeffern. Mit einem Glas trockenen (Ahr-) Weißwein ablöschen. Einen Rosmarinzweig beilegen und auf mittlerer Hitze und zugedeckter Pfanne in etwa 40 Minuten garschmoren (ohne zu bräunen). Die Eier und den Quark verrühren, leicht salzen und mit gehackter Petersilie bestreuen. Die Hälfte dieser Creme über das Fleisch gießen und bis zum Stocken schwenken. Die Sellerieknolle halb gar kochen und in halbmondförmige dünne Scheiben schneiden. Den Rest der Eier-Quarksoße mit Mehl andicken und die

Selleriescheiben in den Teig tauchen, goldgelb backen und heiß zu der Kaninchenpfanne servieren.

Fast jede Familie hatte früher Hauskaninchen, die mit Küchenabfällen und fleißig gesammelten Kettensträuchern gefüttert wurden. Kinder verweigerten allerdings oftmals die Nahrung, wenn ihr heiß geliebter „Hansi" auf den Tisch kam. Braten von „Stallhasen" galten vorübergehend als Arme-Leute-Essen, sind aber inzwischen „eine begehrte rustikale Delikatesse". Das obige Rezept erhielt beim Wettbewerb des Hotel- und Gaststättenverbandes Nordrhein e.V., Kreisgruppe Euskirchen, den zweiten Preis. Bei einem Preisausschreiben „Spezialitäten aus deutschen Regionen" erhielt 1990 ein Rezeptvorschlag aus Kelberg „Kaninchenbraten mit hausgemachtem Rosenkohl-Ravioli" einen ersten Preis.

Lammkeule aus dem Backofen

1 Lammkeule (ca. 1 1/2 kg), 2 Knoblauchzehen, Zitronensaft, Salz, Pfeffer, Oregano, 1 Bund Suppengemüse, 2 Zwiebeln, süße Sahne

Die Lammkeule enthäuten, mit einem scharfen Messer an verschiedenen Stellen einschneiden und in jedem Schnitt einen Knoblauchstreifen stecken. Lammkeule mit Zitronensaft beträufeln. Salz, Pfeffer und Oregano gut in das Fleisch einreiben. Lammkeule in einen Bräter legen und in den auf 175° vorgewärten Ofen stellen. Mit Wasser auffüllen und 45 Minuten garen, dabei das Fleisch immer wieder mit Flüssigkeit begießen. Das geputzte, kleingeschnittene Suppengemüse und die Zwiebel neben das Fleisch legen und alles noch ungefähr 45 Minuten backen, bis das Fleisch gar, aber innen noch rosa ist. Für die

Soße das Suppengemüse mit den Zwiebeln durch ein Haarsieb pürieren, mit Sahne abschmecken und zu dem in Scheiben geschnittenen Lammfleisch servieren.

Das Schaf gehört zu den ältesten Haustieren der Menschheit und lieferte bereits in der frühen Steinzeit Fleisch, Milch, Fett, Fell und Wolle. In der Eifel hatte die Schafzucht eine große Bedeutung. 1858 zählte man z.B. im alten Kreis Schleiden 27 911 Schafe. Doch in den folgenden Jahrzehnten „wich das Schaf der Kultur."
Lammbraten gab es gerne zu Ostern oder zur ersten Kirmes. Zu den unterschiedlichen Lammgerichten wie Lammpastete, Lammstrudel u.a. passen folgende Kräuter: Basilikum, Estragon, Ingwer, Kerbel, Knoblauch, Lorbeer, Muskat, Oregano, Pfefferminze, Rosmarin, Safran, Salbei und Thymian.
Während heute Jungmastlämmer vorzügliche Fleischqualität liefern, wurden früher häufig Hammel (kastrierte männliche Schafe) geschlachtet.

Hammelfleisch in Bier geschmort

1 Hammelkeule,
Butter, Salz,
Zwiebel,
Suppengemüse,
Gewürzkörner,
1 Lorbeerblatt,
Weißbier, Steinpilze,
Zitronenscheiben

Das alte Rezept lautet: Eine gut mürbe geklopfte Keule oder ein Stück davon wird in Butter angebraten, mit Salz, Zwiebel- und Wurzelwerkscheiben, Gewürzkörnern, 1 Lorbeerblatt und mit Weißbier halb bedeckt langsam weichgeschmort. Dann hält man das Fleisch auf einer Schüssel warm, entfernt die Beilage aus der Sauce, fügt einige gedämpfte Steinpilze mit ihrer Brühe hinzu, sowie einige Zitronenscheiben und läßt dann das Fleisch noch kurze Zeit darin ziehen. Gekochte Kartoffeln oder Kartoffelpüree paßt dazu.

In einem Magazin „Bit heute“ der Bitburger Brauerei von ca. 1980 sind mehrere alte Rezepte unter dem Sammelbegriff „Bier in der Küche“ zusammengetragen, darunter auch das obige Rezept. Über das Kochen mit Bier heißt es dort: „Als Würze ist Bier in der alten Küche geschätzt worden, und das Kochen mit Bier kannte sogar noch die Ur-Oma. Seither sind Bierrezepte zu Unrecht so gut wie vergessen und müssen aus vergilbten Kochbüchern ausgegraben werden.“

Sauerkraut und Rüben
haben mich vertrieben.
Hätt' meine Mutter Fleisch gekocht,
wär' ich bei ihr geblieben.

Wild und Geflügel

Es sei nochmals aus dem Epos des Mönchs Wandalbert von Prüm (848) zitiert. Vom Januar schreibt dieser: „Das ist die Zeit, im beschneiten Gefilde die Hasen zu jagen,/ Und mit Geschick und mit List die Vögel zu fangen, die bunten/ ...Denn nicht ist es der Brauch, den flüchtigen Hirsch und die Hindin/ Jetzo zu jagen, noch auch in den Bug des schäumenden Ebers/ Einzutreiben das breite Metall. Schwer drückt sie die Kälte,/ Magerung naget und zehrt an den dürren Gebeinen des Wildes..."

Schon zur Zeit der Franken war das Jagen ein Vorrecht des Adels. Karl der Große erlegte mit Lanze und Saufeder eigenhändig das Großwild für seine Tafelrunde. Der niedere Adel wurde damit beauftragt, Wildgeflügel zu fangen. Da die Jagdrechte dem Grundbesitzer gehörten, war man über Jahrhunderte hinweg nur in den Herrschaftshöfen und in den Klöstern in der glücklichen Lage, mit Wildgerichten regelmäßig nahrhaftes Fleisch anbieten zu können. Den hörigen Bauern war das Jagen untersagt. Das Verbot wurde allerdings aufgehoben, wenn ihre schwangeren Frauen Gelüste auf Wildbret zeigten.

Ansonsten blieb den Bauern nichts anderes übrig, als durch Wildern für einen Wildbraten zu sorgen. Dieser Jagdfrevel wurde konsequent geahndet und mit barbarischer Härte bestraft. Die großen Waldgebiete der Eifel machten jedoch das Stellen eines Wilddiebs schwierig. Leicht ließen sich der Hase und das Wildkaninchen „ströppen" oder mit Fallen fangen und unauffällig nach Hause transportieren.

Daß das Waidmannsheil nicht immer große Beute einbrachte, zeigt eine Zeichnung von Curtius Schulten (1936) mit dem Titel „Viel Lärm um nichts": 22 Jäger sitzen im Kreis um ein Lagerfeuer im Wald bei Lommersdorf, ganze vier Hasen liegen am Rand. In einer „Eifeler Skizze" (1903) des Schriftstellers Hermann Ritter wird deutlich gemacht, wie groß der Anteil der Wilderer war: „Der Herzog brauchte nur wenige Hirsche und Böcke zu schießen – die Hauptsache besorgten Wilderer, welche nachts aus der Wallonie ins Revier streiften." Die ganze Bevölkerung eines Venndorfes zeigte „buschläuferische Neigungen", ganze Familien waren seit Generationen wegen gewerbsmäßiger Wilddieberei berüchtigt.

Doch nicht nur Geldgier, sondern auch der blanke Hunger trieb Menschen zum „Wildfang". Die Romantik rund um Förster, Jäger und Wilddiebe prägt zahlreiche Romane, in denen die Sympathie des Lesers im Regelfall nicht dem pflichtbewußten Jäger gehört, sondern dem verwegenen Wilderer, der sein Leben riskiert, damit seine Familie nicht verhungert.

Inzwischen ist fast zu jeder Jahreszeit „frisches Wild aus der Eifel" in Fachgeschäften erhältlich. Moderne Kühlhallen halten das Wild frisch.

Hasenpfeffer

1 Hase (küchenfertig)
oder 1 Wildkaninchen

Marinade:
1/2 l Essig,
1/2 l Wasser,
2-3 Zwiebeln,
1 Stück Sellerie,
1 Möhre,
1 Lorbeerblatt,
4 Gewürznelken,

Braten:
Butter,
Salz, Pfeffer,
saurer Rahm,
Mehl, Wein,
Johannisbeergelee

Den Hasen zerteilen, in eine Schüssel legen und mit Essig und Wasser übergießen. Zwiebeln, Sellerie und Möhre klein schneiden und mit dem Lorbeerblatt und den Gewürznelken zu der Marinade geben. Unter öfterem Umwenden 2 bis 4 Tage in der Beize liegen lassen. Dann in Butter das mit Salz und Pfeffer eingeriebene Fleisch in einem Bräter anbraten, Beize sowie etwas Rahm hinzugeben und garen. Ein junger Hase ist in 3/4 Stunde gar, ein alter Hase braucht 2 Stunden. Den Sud mit Mehl zu einer Soße verarbeiten, die mit etwas Wein und Johannisbeergelee abgeschmeckt wird.

Schlachtete man selbst einen Hasen, fing man das Blut auf und kochte es 1/2 Stunde lang mit ungebeiztem Hasenpfeffer. Anstatt mit Mehl kann man die Soße mit Bröseln von Schwarzbrot, Lebkuchen oder Printen andicken. Getrocknete Backpflaumen können mitgegart werden.

Dippehas'

1 Hase, bratfertig,
500 g frischen Speck,
3 Eßl. Öl,
1 Eßl. Butter,
6 Zwiebeln,
Salz, Pfeffer,
1 l Rotwein,
1 Tasse Hasenblut,
125 g Schwarzbrot,
3 Lorbeerblätter,
3 Gewürznelken,
8 Wacholderbeeren,
1/2 Teel. Koriander

Den Hasen in 8 bis 12 Teile zerlegen. Den gewürfelten Speck in Öl und Butter anbraten. Die Zwiebeln in groben Würfeln zugeben. Die Hasenteile salzen und pfeffern und mitbraten. Den Rotwein mit dem Blut mischen und zugießen. Das Schwarzbrot zerbröseln, mit den Gewürzen unterrühren und einmal aufkochen lassen. Den Schmortopf fest verschließen. Den Dippehas (Topfhasen) im vorgeheizten Backofen bei 200° auf der mittleren Schiene 1 bis 1 1/4 Stunde schmoren.

Tip aus alter Zeit: Vor dem Braten soll Hasenfleisch einen Tag lang in saure Milch oder Buttermilch gelegt werden. Das Fleisch wird so besonders zart und schmackhaft. Legt man Hammelfleisch mehrere Tage lang in Buttermilch, schmeckt es wie Wildfleisch. Selbst Ihre Familie wird den Unterschied nicht merken.

Wildschweinrücken (Eifeler)

1 Frischlingsrücken,
100 g Speck,
Butterschmalz,
1 Zwiebel, 1 Möhre,
1 Stange Porree,
1 Tomate,
Salz, Pfeffer,
1/2 l Rotwein,
200 g Schwarzbrot,
2 Eigelb, Zimt

Der Frischlingsrücken wird mit Speckwürfeln und Butterschmalz angebraten, mit den feingewürfelten Zwiebeln und dem kleingeschnittenen Gemüse angeschmort, gewürzt und mit dem Rotwein abgelöscht. Der Rücken schmort fast gar (gut 1 Stunde), dann bestreicht man ihn mit der Paste aus Schwarzbrot, Eigelb, Zimt sowie dem restlichen Rotwein und schiebt ihn in den vorgeheizten Backofen und läßt ihn schön knusprig braten.

Über das Wildschwein heißt es in einem alten Kochbuch: Das Fleisch des Wildschweins ist allgemein sehr beliebt und wird deshalb auch mit großem Aufwande zubereitet. Im November und Dezember ist das Fleisch am besten.

Hirschkalb-Braten

1 kg Schlegel
vom Hirschkalb,

Beize:
1/2 l Rotwein, Salz,
Lorbeerblätter,
Nelken, Zwiebeln

Braten:
Salz, Pfeffer,
Speck und Margarine,
Johannisbeergelee,
süße Sahne,
Weißwein,
Pfifferlinge

Hirschkalbschlegel einige Tage in einer Beize einlegen. Dazu nimmt man Rotwein, etwas Salz, ein paar Lorbeerblätter, einige Nelken und viel Zwiebeln. Vor dem Braten das Wildfleisch abtrocknen und mit Salz und Pfeffer einreiben, in Speck und Fett anbraten und im vorgeheizten Backofen 1 1/2 Stunde schmoren lassen. Älteres Hirschfleisch braucht 1 Stunde mehr.
Für die Soße schmeckt man den Bratensatz mit Salz, Pfeffer, Johannisbeergelee, Sahne und Weißwein ab. Den Hirschkalb-

Braten in Scheiben schneiden und mit gebratenen Pfifferlingen garniert anrichten.

Die Hirschkuh, die Hindin, war das Reit- und Lieblingstier der antiken Jagdgöttinnen Artemis und Diana. Während der römischen Besatzungszeit wurde von den Legionären besonders Diana verehrt, wie viele aufgefundene Weihesteine im Norden und im Süden der Eifel zeigen. Verwandt ist Diana mit Arduinna, der keltischen Schutzgöttin der Ardennen. Diese ist allerdings nicht mit einem Hirschen, sondern mit einem Schwein abgebildet, das heilige Tier einstiger Muttergottheiten.

Rehkeule

1 kg Rehkeule,
Essig,
Speck, Butter,
Rahm

Ähnlich wie Hirsch wird ein Rehbraten zubereitet. Ein handgeschriebenes Rezept aus der Südeifel von den 30er Jahren beschreibt die Zubereitung kurz und bündig: Rehkeule wird einige Tage in ein Essigtuch gewickelt, gespickt und 1 1/2 Stunden in Butter gebraten. Die Sauce wird mit Rahm fertig gemacht. Man kann den Rahm auch vorher nach und nach über den Braten gießen.

Wildragout

500 g Fleisch von Reh,
Hirsch oder Hase,
100 g Speckwürfel,
2 Eßl. Öl, 1 Zwiebel,
1/4 l Rotwein, Mehl,
Salz, Pfeffer,
Paprika, saure Sahne

Das Fleisch von Häuten und Sehnen befreien und in 3-4 cm große Stücke schneiden. Die Speckwürfel in Öl auslassen und anrösten, dann aus dem Bratfett nehmen und beiseite stellen. Die Wildfleischstücke in dem Fett anbräunen und eine große, grob gehackte Zwiebel dazugeben. Mit dem Rotwein ablöschen und auf kleiner Hitze zugedeckt ca. 1 bis 2 Stunden gar schmoren (je nach Wildart). Während des Schmorens mehrmals umrühren. Zum Schluß die gerösteten Speckwürfel untermischen, noch etwas ziehen lassen und servieren. Die Bratflüssigkeit mit Mehl zu einer Soße binden und mit Salz, Pfeffer und Paprika abschmecken. Zum Schluß etwas saure Sahne hinzugeben.

Es wird mit Recht ein guter Braten,
gerechnet zu den guten Taten.
Und daß man ihn gehörig mache
ist weibliche Charaktersache.

Wildes und zahmes Geflügel

Was wäre die häusliche Weihnachtsfeier ohne einen saftigen, knusprigen Enten-, Gänse- oder Putenbraten auf der Festtagstafel! Zusätzlich gehört zum traditionellen Weihnachtsessen in mancher Familie ein köstliches Hühnerragout. Es ist alte Tradition, daß zu Weihnachten Geflügel gegessen wird. Einst wurde dieses ausschließlich frisch für die Festtage geschlachtet und kam nicht gefroren ins Haus.

An Wildgeflügel dienten vorwiegend Rebhühner der Ernährung. Bis in unser Jahrhundert wurden verschiedene Vögel zum Verzehr geschossen oder gefangen. Als „Leckerbissen für Feinschmecker" betrachtete man den amselgroßen Krammetsvogel (Wacholderdrossel). Ein handgeschriebenes Rezept aus der Eifel (ca. 1930) empfiehlt folgende Zubereitung: „Die Krammetsvögel werden in reichlich Butter und gestoßenem Wacholder von allen Seiten braun gebraten. Man röstet Schnittchen in Butter und setzt auf jedes Schnittchen einen Vogel." Das Trierische Kochbuch (1857) nennt Rezepte für folgende Vogelarten: Wildgans, Wildente, Taube, Fasan, Auerhahn, Schnepfe, Schneehuhn, Haselhuhn, Krammetsvogel, Lerche und Wachtel.

Feldhuhn gebraten

2 Feldhühner,
Salz, Pfeffer,
Traubenblätter,
6-8 Scheiben Speck (geräuchert, durchwachsen),
2 Eßl. Butter,
Äpfel, Trauben

Das alte Rezept lautet: „Die jungen Vögel werden ausgenommen, gesengt, in- und auswendig mit einem Tuche abgewischt, gesalzen und gepfeffert, mit Bindfaden in die richtige Form gebracht, mit Traubenblättern und Speckscheiben umbunden und in 10-12 Minuten am Spieß oder entsprechend länger in der Pfanne unter fleißigem Begießen mit Butter ge-

braten." Sie können mit Äpfeln
und/oder Weintrauben gefüllt werden.

Zur Erkennung des Alters eines Feldhuhns wurde ein „launiger Vers" deklariert, dessen Schluß allerdings eher boshaft denn „launig" klingt.

Ist gelb das Bein des Huhns gleich der Zitrone,
So ist's von *diesem* Jahre zweifelsohne,
Doch rechne davon zwei auf einen Kopf –
Sie werden Dir gar sehr gering im Topf!
Das Huhn mit Beinen gelb wie Apfelsine
Vor allem Dir zum saft'gen Braten diene.
Bei hellem, grauem Beine laß Dir raten,
Ein halbes Stündchen länger es zu braten.
Scheint dunkel schon des Hühnerbeines Grau,
So *kocht's* vor'm Braten erst die kluge Frau.
Blaugraue Beine, Schnabel beinah weiß,
Rings um die Augen 'nen hellroten Kreis –
Laß ab, umsonst sind Speck und Fett und Butter,
Derartige Hühner schenk' – der Schwiegermutter!

Einst war das Feld- oder Rebhuhn ein begehrter Leckerbissen. Heute ist es vom Aussterben bedroht und wurde 1991 zum Vogel des Jahres gewählt. Der Naturschutzbund warnte: „Die Jagdleidenschaft hierzulande kennt scheinbar keine Grenzen. Obwohl das Rebhuhn stark bedroht ist und sowohl Biologen als auch Naturschützer vor dem dramatischen Bestandsrückgang dieser Vögel warnen, wird in vielen Gebieten immer noch Jagd auf das wehrlose Tier gemacht. Nachdem sich in den letzten Jahren auch unter der Jägerschaft herumgesprochen hatte, daß ihr wohl kaum noch ein Rebhuhn vor die Flinte laufen würde, verzichteten viele Jäger freiwillig auf einen Abschuß der gefährdeten Vögel." Und damit verzichteten sie auch auf einen Feldhuhnbraten und können sich so noch an einige Feldhühner in der freien Natur erfreuen.

Hahnenbraten

*1 Hahn,
Salz, Pfeffer,
Speck, Butter*

Den Hahn bestreut man inwendig mit Salz und Pfeffer, steckt Lunge, Herz, Leber und Magen hinein, dreht den Kopf unter einen Flügel, legt die Beine gut an den Leib, umbindet ihn mit Speck und brät ihn in Butter (je nach Größe 30 bis 60 Minuten).

Bei der eigenen Geflügelhaltung wurde vorwiegend altes Geflügel geschlachtet. Das Rezept „alter Hahn" empfiehlt, das Tier vor dem Braten ein paar Tage in eine Essigbeize zu legen. Aber auch junge Hähnchen waren im vorigen Jahrhundert beliebt: „Trierer Hahnen bilden eine Spezialität von weitem Ruf. Die noch nicht jährigen Tiere des Landhuhns, in reichlich Butter weich gebraten, so daß das Fleisch auch außen fast weiß bleibt und sich leicht von den Knochen löst, bilden eine Delikatesse."
Im Südwesten der Eifel war es lange Zeit üblich, das Schnitter- oder Erntefest mit einem Hähnchenbraten zu feiern. Zum Hähnchenessen lud derjenige ein, der als letzter das Korn einfuhr, der „Wiebelschinder" (Wiebel = Kornkäfer).

Hühnerragout

*1 Huhn,
Suppengrün, Salz,
Butter, Mehl, Curry,
Zitronensaft, Zucker,
2 Eßl. Weißwein,
1 Eigelb*

Das ausgenommene und gereinigte Suppenhuhn wird mit Suppengrün und Salz in 2 Stunden gar gekocht (Huhn in kochendes Wasser geben). Dann nimmt man das Huhn heraus, zieht die Haut ab und zerteilt es „in nette Stückchen" – wie es in einem alten Rezept heißt. Man schwitzt Butter mit Mehl, läßt es nur gelb rösten, füllt mit der Suppenbrühe auf und gibt das Geflügelfleisch hinzu.

Abschmecken mit Curry, Zitronensaft, einer Prise Zucker und Weißwein. Mit Eigelb legieren.

Die alten Zubereitungsarten verzichten auf weitere Zugaben, wogegen heute das Frikassee gerne mit Champignons, Spargelspitzen und einigen Ananasstücken aufgefüllt wird. Zum Abschmecken nimmt man Worcestersauce. Hühnerragout wird zu Reis gereicht, kann aber auch in kleine Pastetchen gefüllt werden.

Geflügelpastete

500 g Hühnerfleisch, Salz, Suppengemüse, 1 Dose Champignons, 1 Dose Spargelstücke, 1-2 Eier, Sauerrahm, Reibkäse, Pfeffer, Knoblauch, Blätterteig

Ein Suppenhuhn in Salzwasser gar kochen (2 Stunden), abkühlen lassen und das Fleisch von den Knochen lösen. Bruststücke in Würfel schneiden, das übrige Hühnerfleisch durch den Fleischwolf drehen. Das Suppengemüse (Möhren, Sellerie, Lauch) in Streifen schneiden, Champignons in Scheiben schneiden, und alles in Butter andünsten und abkühlen lassen. Dann gibt man die Spargelstücke, die Fleischwürfel vom Brustfleisch sowie das durchgedrehte Hühnerfleisch dazu, rührt die Eier, den Sauerrahm und den geriebenen Käse darunter, vermischt alles gut und schmeckt diese Fleischfüllung mit Salz, Pfeffer und Knoblauch ab. Die Masse in eine mit Blätterteig ausgelegte, feuerfeste Form füllen. Blätterteigdeckel darauf geben und bei 220° Grad ca. 1 Stunde backen.

Wie man aus einem Butterteig ein „Pastetenhaus“ machen kann (oder es auch sein läßt), sagt folgende alte Anweisung: „Man macht einen Butterteig, rollt ihn aus, schneidet rings um ein Blech den Boden für das Pastetenhaus davon und legt auf ihn eine Serviette in Form einer halben Kugel. Diese belegt man nun rings mit dem Teige und bildet so das Pastetenhaus – das man meist vorteilhafter vom Konditor bezieht.“

Gans gebraten

1 Gans,
Salz, Pfeffer,
Bratfett,
Weißwein,
Äpfel oder Birnen

Die mittelgroße, küchenfertige Gans wird innen und außen kräftig mit Salz und Pfeffer eingerieben. Die Gans mit etwas Fett in die Pfanne des vorgeheizten Backofens geben und nach und nach mit Wein ablöschen. Bei 220° ist die Gans in 2 Stunden gar und knusprig braun. Dann wird sie zerlegt und auf einer Platte mit Äpfeln oder Birnen angerichtet.

Einst verrieten Gänse mit ihrem aufgeregten Geschnatter den Sankt Martin, als dieser sich versteckte, weil er eine Einsiedlerklause dem Bischofspalast vorzog. Deshalb meint man, daß für diesen Verrat so manche Martinsgans alljährlich am 11. November ihr Leben lassen muß. Doch das ist eine Mär, denn viel eher steht hinter dem Brauch, eine St. Martinsgans zu vertilgen, die einstige Zinsabgabe der hörigen Bauern an ihre Herren an diesem Abschlußtag des bäuerlichen Wirtschaftsjahres. Zu diesen Abgaben gehörten auch schlachtreife Pflichthühner und Pflichtgänse. 1924 wurde den Eiflern in einem Bericht empfohlen, an dem Brauch des Martinsgans-Essens „zur Festigung des Familiensinns“ festzuhalten.

Gänsebraten mit Füllung

1 Gans, Salz, Pfeffer,
500 g Kastanien,
2 Zwiebeln, Butter,
Majoran, Beifuß,
1 säuerlicher Apfel,
Fleischbrühe

Die vorbereitete, gut gewaschene Gans wird mit Salz und Pfeffer eingerieben. Die Kastanien werden geschält und mit den gehackten Zwiebeln in heißer Butter zugedeckt leicht gedämpft (die Kastanien sollen ganz bleiben). Man füllt die Gans mit dem Kastanien-Zwiebelgemisch, das man mit Majoran und Beifuß etwas nachwürzt, gibt Apfelscheiben hinzu, näht die Gans zu und läßt sie 2 Stunden bei 200° braten. Dabei mehrmals mit dem Bratsatz oder etwas Fleischbrühe übergießen..

Neben den Martinsgänsen werden einige Gänse noch weiter gemästet und kommen als Weihnachtsbraten zu posthumen Ehren. Im Gegensatz zur Martinsgans wird die Weihnachtsgans gefüllt. In der Eifel war außer der Kastanienfüllung auch eine Füllung aus Gänseherz und -leber, gemischt mit eingeweichtem ausgedrücktem Brot, Zwiebeln und Gewürzen, üblich.

Ente auf Wildart

1 Ente,
250 g frischer Speck,
Zitronensaft,
Salz, Pfeffer,
2 Zwiebeln,
1 Möhre,
1 Lorbeerblatt,
Estragon,
1 Glas Weißwein,
Essig, saurer Rahm,
Butter, Mehl

Die gut gereinigte Ente wird mit Scheiben von frischem Speck umbunden, mit Zitronensaft beträufelt, innen und außen mit Salz und Pfeffer bestreut und in den Backofen gelegt. Die geschnittenen Zwiebeln, die Möhre, das Lorbeerblatt und einige Estragonblättchen, den Weißwein und einige Eßl. Essig dazugeben und unter öfterem Begießen mit saurem Rahm schön hellbraun braten. Die Ente braucht je nach Größe 1 bis 1 1/2 Stunde Garzeit. Mit Butter und Mehl wird der Bratensaft in einer Pfanne zu einer Soße angerührt und zu der zerlegten Ente serviert.

Die Enten hatten keine große Bedeutung in der Geflügelzucht der Eifel. Aber immerhin nennt das Trierische Kochbuch einige Zubereitungsformen: Ente gebraten (ähnlich wie Gänsebraten), Ente gedämpft, Ente gefüllt (mit Speck und Leber) sowie Entenragout.

Truthahn gebraten

1 Truthahn (Puter),

Für die Füllung:
4 altbackene Brötchen,
1/2 l Milch,
50 g durchwachsenen Speck,
1 Zwiebel, Petersilie,
Salz, Pfeffer, Muskat,
2 Eier, 4 Eßl. Rotwein

Zum Braten:
50 g Butter,
80 g magere Speckscheiben,
Suppengemüse,
1 Lorbeerblatt,
1 l Fleischbrühe,
Rotwein, Sauerrahm,
Maizena

Der ausgenommene Puter wird gewaschen und abgetrocknet. Für die Füllung übergießt man die Brötchen mit heißer Milch und läßt diese etwa 10 Minuten durchziehen. Speck und Zwiebel brät man goldgelb an, fügt die Petersilie hinzu und gibt alles zu den eingeweichten Brötchen. Mit Salz, Pfeffer und Muskat würzen, mit den Eiern und dem Rotwein auffüllen und alles gut durchkneten.

Die Füllung fest in den Truthahn, der mit Salz und Pfeffer innen eingerieben wurde, stopfen und diesen zunähen. Nun den Truthahn auch von außen salzen und pfeffern, mit Butter einreiben und mit der Brust nach unten auf ein Backblech auf der unteren Schiene des Backofens legen und bei 250° im Backofen braten. Nach 20 Minuten Speckscheiben auf und Suppengemüse und das Lorbeerblatt neben den Truthahn legen. Den Puter braten lassen, ab und zu mit Fleischbrühe übergießen. Wenn der Puter nach insgesamt 1 1/2 bis 2 Stunden gar ist, das Suppengemüse aus der Soße entfernen, diese mit Rotwein und Sauerrahm abschmecken und mit etwas Maizena binden. Den Truthahn zerlegen und auf einer vorgewärmten Platte anrichten und mit Petersilie garnieren.

Auf größeren Bauernhöfen der Eifel wurde ein Truthahn für die Weihnachtstafel gemästet. Heute ist Truthahn- und Putenfleisch wegen seines Eiweißreichtums und seiner Kalorienarmut voll im Trend von „Leichtprodukten".

Schüre die Flamme am häuslichen Herd,
sorge, daß keiner im Hause entbehrt;
wird Dir ein eigener einst beschert,
bist Du wohl solchen Glückes dann wert.

Fisch und Hering

Freitag ist Fischtag. Das gilt bis heute in vielen Familien der Eifel. Im Mittelalter eingeführt, sollte der fleischlose Wochentag die üppig lebenden Fürsten, Kaufmänner und Geistlichen zum Verzicht auffordern. Der armen Bevölkerung, die kaum einmal Fleisch zu essen bekam, mag dieses Verbot als Hohn vorgekommen sein. Die gut katholischen Herrschaften verzichteten von nun an freitags auf Fleisch, dafür aßen sie leckere Fischgerichte.

Flüsse und Seen der Eifel boten eine reichhaltige Auswahl an Fischen. Aber auch Fischhändler durchzogen das Land und boten Heringe, Meer- und Flußfische zum Verkauf an. Wenn die Dorfbewohner den Fischmann kommen sahen, so wußten sie: Morgen ist Freitag. In den kleinen Tante-Emma-Läden gingen die Heringe, die nur eingesalzen zum Verzehr geeignet sind, für ein paar Pfennige wie warme Semmeln über die Ladentheke. Bei teuren Fischen war man etwas zurückhaltender.

Wie sehr Froschschenkel einmal die Gemüter erregten, erzählt ein Bericht im Schleidener Unterhaltungsblatt im Hungerjahr 1847. Die Menschen warteten auf staatliche Hilfe, um das tägliche Brot backen zu können. Stattdessen wurde ihnen am 9. April 1847 folgender Rat gegeben: „Vielleicht soll durch die jetzt vorhandene, ungemeine Anzahl Frösche gerade ein, wenn auch wenig belangreiches Mittel zur Lebensfristung oder Stillung des Hungers geboten sein. Es sei diesem wie es wolle, jedenfalls scheint es anräthlich, die vielen Frösche einzufangen und deren Beine gebraten zur Consumtion (Verzehr) zu benutzen. Dadurch wird ein doppelter Zweck erreicht werden, indem ein Lebensbedürfnis befriedigt und daneben verhütet wird, daß die Frösche laichen und später mit ihrer Brut den weichen Pflanzenwuchs verzehren." Wie die Eifeler den Vorschlag „Froschschenkel statt Brot" aufnahmen, ist in einem anderen Bericht kommentiert: „Da hat das ausgehungerte Volk im folgenden Frühjahr (März 1848), als die Revolution ausbrach, die Antwort auf diese Zumutung gegeben."

Heringe in Milchertunke

4-6 Salzheringe (Milchner),
3 Zwiebeln,
2 Lorbeerblätter,
6-8 Pfefferkörner,
1/4 l Essig,
1/8 l Wasser,
saure Sahne,
Zucker, Pfeffer

Die Salzheringe 24 Stunden wässern, dabei das Wasser mehrmals erneuern. Dann gründlich waschen, ausnehmen, entgräten, in Streifen schneiden und erneut einige Male waschen und abtropfen lassen. Mit Zwiebelscheiben und Gewürzen abwechselnd in einen Steintopf schichten. Die Heringsmilcher rührt man durch ein Haarsieb, vermischt sie mit dem Essig, dem abgekochten, abgekühlten Wasser und mit einigen Eßl. saurer Sahne. Nach Belieben mit einer Prise Zucker und wenig Pfeffer würzen. Man gibt die Marinade über die Heringe und läßt sie zugedeckt 2 bis 3 Tage im Keller oder Kühlschrank durchziehen.

Die Heringe in Milchertunke schmecken vorzüglich zu dampfend-heißen Pellkartoffeln und ganz besonders nach feucht-fröhlichen Abenden, so z.B. am Aschermittwoch. Kein Wunder, daß Heringe als regelrechtes Katerfrühstück gelten. Für den „Heringsstipp" fügt man pro Hering einen klein geschnittenen Apfel und einige Gurken bei.
Eingelegt in Essigwasser mit Einmachgewürz und Zwiebelringen halten sich die gewässerten, gereinten Salzheringe einige Tage.

Herings - Zauss

2 Salzheringe,
5 Milchner,
2 Rogen,
4 große Zwiebeln,
Essig, Öl,
1/8 l süße Sahne,
1/8 l Milch,
Pfeffer, Senf

Die Heringe waschen, ausnehmen, häuten, entgräten und filieren. Von den Milchnern und Rogen die Häutchen entfernen und miteinander mischen und untereinander kneten. Die Zwiebeln fein hacken und mit Essig, Öl, Sahne und Milch zu einer Soße verrühren. Mit Pfeffer und Senf nach Geschmack würzen. Milchner-Rogen-Gemisch und die Heringsscheiben in die Soße geben.

Wie bekommt man die Augen der Eifeler Männer zum Strahlen? Ganz einfach: Man setzt ihnen die Herings-Zauss und eine Schüssel mit frischen Quellmänn' vor.

Matjesfilets

8 Matjesfilets,
1/4 l Milch,
1/8 l Sahne,
1/2 Glas Mayonaise,
1 Becher Joghurt,
geriebenen Piment,
3 Zwiebeln,
3 Äpfel

Die Matjesfilets in Milch eine Stunde einlegen. Sahne, Mayonaise und Joghurt miteinander verrühren und mit Piment würzen. Hinzugefügt werden die Zwiebelringe und Apfelscheiben. Den Fisch aus der Milch nehmen, abtropfen lassen, in die Soße legen und mindestens einen Tag ziehen lassen.

Als Matjesheringe werden junge Fische bezeichnet, die keinen Ansatz von Milch (Samenflüssigkeit von männlichen Fischen, Milchner) oder von Rogen (Laich von weiblichen Fischen, Rogner) haben. Waren die eingelegten Matjesfilets lecker geraten, waren sie der Stolz der Hausfrau. Mit einer Scheibe Brot wurde Matjesfilet gerne einem unerwarteten Besucher angeboten.

Bratheringe mit Braunsoß'

4 frische Heringe,
Salz, Pfeffer,
20 g Weizenmehl,
Öl

Für die Soße:
40 g Fett,
60 g Mehl,
1 l Brühe,
1 Lorbeerblatt,
Speckwürfel

Die Heringe werden ausgenommen und gründlich gewaschen, wobei man die Schuppen durch Streichen entfernt. Sie werden abgetrocknet, in dem mit Salz und Pfeffer gewürzten Mehl gewendet und in dem erhitzten Öl 8 bis 10 Minuten beidseitig gebraten. Für die Braunsoß' gibt man Fett und Mehl in die Pfanne, läßt es dunkel werden und löscht mit Brühe ab. Zu der dunklen Soße gibt man ein Lorbeerblatt und ausgelassene Speckwürfel und schmeckt nach Belieben mit Salz und Pfeffer ab. Man reicht die Braunsoß' warm mit den Bratheringen zu Pellkartoffeln.

Im Juni 1993 wurde in einer Mayener Buchhandlung nach einer Buchvorstellung (Sophie Lange: Küche, Kinder, Kirche …) den Besuchern „Quellmänn' mit Braunsoß' und Brathering" angeboten. Das alte Eifeler Gericht mundete nicht nur den einheimischen, sondern auch tschechischen Besuchern. Der Präsident des tschechischen Pen-Clubs Dr. Miroslav Holub und der tschechische Botschaftsrat Dr. Alois Mikestik zeigten sich begeistert von der Eifeler Spezialität.

In dem ernsten Eifellande
galt die Sitte alt und gut,
daß man zum Familientische
stets den selt'nen Fremdling lud.

Heringssalat

(für 10 Personen)
10 Bismarkheringe,
1 Glas rote Beete,
500 g Fleischwurst,
1 kl. Glas Essiggurken,
3 Zwiebeln, 3 Äpfel,
4-6 Eier,
10 Pellkartoffeln,
250 g Walnüsse

Für die Soße:
Salatmayonaise,
Crème Fraiche,
Öl, Essig,
Salz, Pfeffer

Heringe, rote Beete, Fleischwurst, Gurken, Zwiebeln und Äpfel klein schneiden und miteinander vermischen. Die Eier hart kochen, in Scheiben schneiden und hinzugeben. Die Pellkartoffeln kochen, schälen und ebenfalls kleingeschnitten zu den übrigen Zutaten geben. Zuletzt werden die Walnüsse kleingehackt und hinzugefügt. Für die Soße ein Glas Salatmayonaise mit einem Becher Crème fraiche sowie Öl und Essig verrühren, mit Salz und Pfeffer abschmecken, über den Heringssalat geben und über Nacht zugedeckt im Kühlschrank durchziehen lassen.

Lange Zeit galt der Fisch als traditionelles Weihnachtsessen, ist dieser doch das Symbol der Erneuerung und Fruchtbarkeit. Heringssalat wird bis heute gerne am Heiligen Abend gegessen. Auch hier sind die Variationsmöglichkeiten vielfältig. So kann man Rindfleisch, Kalbfleisch oder Schinken hinzugeben und mit Dill würzen.

Bückinge mit Rühreiern

2 Bückinge,
Bratfett,
4 Eier,
Kondensmilch,
Salz, Pfeffer

Die Bückinge ausnehmen, von Gräten befreien, häuten, reinigen und in kleine Portionshäppchen zerlegen. Das Bratfett in einer Pfanne erhitzen, die Bückinge hineingeben und von beiden Seiten anbraten. Die Eier mit der Milch schaumig schlagen, würzen und bei schwacher Hitze langsam unter Rühren aufziehen.

Das Wort Bücking oder Bückling ist eine Ableitung von Bock, da der Hering nach seinem unangenehmen „Bocks"geruch benannt wurde. Da man den bei 60° geräucherten Hering auch roh aufs Brot essen kann, wird er im Volksmund Rohesser genannt. Er war und ist einer der beliebtesten Fischspeisen in der Eifel und im Rheinland.

Stockfisch mit Eifeler Zwiebelsoße

1 kg Stockfisch,
Milch, Salz,
Petersilie

Für die Soße:
30 g Fett, 1 Zwiebel,
Mehl,
1/4 l Milch,
1/8 l Fleischbrühe,
Pfeffer, Liebstöckel

Den Stockfisch mit kaltem Wasser unter Beigabe von etwas Milch aufstellen und zum Kochen bringen. Nach dem ersten Aufwallen auf schwachem Feuer langsam 30 Minuten ziehen lassen (nicht kochen!). Beim Anrichten entgräten und mit etwas Salz und Petersilie bestreuen.

Für die Eifeler Zwiebelsoße werden in Fett die Zwiebelringe gedünstet und mit Mehl gebunden. Die Schwitze mit Milch und Wasser ablöschen und mit Pfeffer und Liebstöckel abschmecken.

Der Stockfisch kam in der Beliebtheitsskala gleich hinter dem Hering und dem Bücking. Er wurde mit Salat zu Pellkartoffeln gereicht und war ein häufiges Freitags- und Fastenessen. Außer der „Eifeler Zwiebelsoße" kann man auch eine Senfsoße reichen. Reste vom Stockfisch verarbeitet man zu gestovtem Stockfisch. Dazu schmort man Zwiebeln in Fett an, gibt Magermilch, die Stockfischreste und einige übriggebliebene Kartoffeln hinzu und läßt das ganze 1/2 Stunde durchstoven. Dieses „nahrhafte und beliebte Volksgericht" wird am Rhein „Kuschelmusch" genannt.

Zander geschmort

1 kg Zander, Salz, Paprika, Pfeffer, 1 Ei, Weckmehl, Butter, 300 g geriebener Käse, 1/2 l süße Sahne, 1/4 l saure Sahne, Kondensmilch

Fisch in Portions-Stücke aufteilen, waschen, mit Salz, einer Messerspitze Paprika und Pfeffer einreiben und in Ei und Weckmehl panieren. Danach in der Pfanne in Butter von beiden Seiten goldgelb anbraten. Die Stücke in eine Kasserolle legen und mit geriebenem Käse je nach Geschmack überstreuen. Dazu süße und saure Sahne geben, evt. noch etwas Kondensmilch. Den Fisch dann bei 200° ca. 20 bis 25 Minuten im Backofen schmoren lassen.

Der Volksglauben war davon überzeugt, daß jeder, der rogenreichen Fisch aß, auf Glück und Überfluss hoffen konnte. Träumte man von Fisch, so sah man das als Ankündigung eines Sterbefalls an.

Karpfen in Bier gekocht

1 kg Karpfen, Salz, Zwiebeln, Nelken, Muskat, Bier

Das alte Rezept lautet: Die Karpfe wird geschuppt, ausgenommen, gerissen und in Stücken geschnitten, auch vorher mit ein wenig Salz besprenget, denn abgewischet und in eine Casserolle oder Kessel gethan mit vielen klein gehackten Zwiebeln und ein wenig ganzen Negelein (Gewürznelken) und Muskatenblumen, denn Bier darauf, daß es völlig bedeckt ist, und denn auf starkem Feuer gekocht, bis daß von dem Bier nur eine kurze sämige Brühe übrig ist, und damit angerichtet.

Eine Biersoße stellt man her, indem man die Bierbrühe mit Wasser verdünnt, mit Mehl andickt, mit Zucker oder Sirup abschmeckt und zu dem Karpfen reicht. Eine andere Biersoße zu Fisch wird mit Malzbier hergestellt und mit Lebkuchen oder Gewürzprinten abgeschmeckt.

Forelle gebraten

4 Forellen,
Zitronensaft,
1 Ei, Mehl,
Paniermehl,
100 g Butter

Die Forellen werden ausgenommen, gewaschen, trocken getupft und mit Zitronensaft beträufelt. Nach 10 Minuten streut man die Bauchhöhlen mit Salz aus (3 S-System: säubern, säuern, salzen). Man wendet die Fische in Ei sowie in einer Mischung von Mehl und Paniermehl. In einer Pfanne erhitzt man die Butter und brät die Forellen bei mittlerer Hitze in ca. 10 - 15 Minuten goldbraun. Vorsichtig wenden.

Forellen fühlen sich in den Bächen der Eifel wohl. Zusätzlich werden sie in Fischteichen gezüchtet. Frische Forellen können nicht nur in gefrorener sondern auch in geräucherter Form haltbar gemacht werden. Für letzteres Konservierungsmittel wird in einem kleinen Räucherofen mit dem Sägemehl von Buchenholz und etwas Spiritus die Räucherung vorgenommen. Wacholderbeeren, ins Feuer gelegt, geben den geräucherten Forellen einen besonderen Geschmack.

Forelle blau

4 Forellen,
Essig, 1 Teel. Salz,
Butter,
Zitronenscheiben

Die Forellen werden in eine Schüssel gelegt und mit soviel heißem Essig übergossen, bis sie bedeckt sind. Mit einem Deckel zugedeckt bleiben die Forellen

1/2 Stunden stehen, wobei sie blau werden. Darauf kocht man Wasser mit 1 Teel. Salz, gibt die Forellen mit dem Essig hinzu und läßt die Fische 6 - 12 Minuten zugedeckt ziehen (nicht kochen). Mit Butter und Zitronenscheiben servieren.

Wie man die Butter verwendet, ist im Trierischen Kochbuch folgendermaßen beschrieben: „Die Forellen trägt man am besten nur mit zergangener Butter, die man jedoch, wie bei allen Fischen, nicht braun werden läßt, und kleinen Kartoffeln auf. Sehr wohlschmeckend ist auch ganz frische unzerlassene Butter anstelle jeder Sauce zu Forelle und Kartoffeln."

Aal in Salbei

1 kg frischen Aal,
Zitronensaft,
Salz, Pfeffer,
15 Salbeiblätter,
40 g Butter

Die vorbereiteten und enthäuteten Aalstücke werden mit Zitronensaft beträufelt und mit Salz und Pfeffer bestreut. Dann umbindet man die Fischstücke mit den Salbeiblättern. In der Pfanne in heißer Butter braten, dabei fleißig mit der Butter begießen. Vor dem Anrichten die Fäden entfernen und die braune Butter über die Aalstücke geben.

Fisch soll man nicht mit dem Messer berühren. Der Dichter und Meistersinger Hans Sachs (1494-1576) überlieferte diese Vorschrift mit den Worten: Schneid das Fleisch und brich die Fisch! Der Ursprung dieser Sitte ist nicht ganz klar. Einmal ist man der Meinung, daß der Fisch sofort den Geschmack der damals üblichen Eisenmesser angenommen hätte. Dagegen spricht die These, daß der Fisch wegen seiner Heiligkeit nicht geschnitten werden darf: „Bei der heiligen Speise Fisch sind religiöse und abergläubische Gründe seit jeher höherwertig gewesen als praktische Erwägungen." Die Gabel, die sich erst im letzten Jahrhundert in Deutschland durchsetzte, ersetzte schließlich das Essen und Brechen des Fischs mit den Händen. Die Industrie hat inzwischen ein spezielles Fischmesser zum Zerteilen auf den Markt gebracht. Geschnitten wird die „heilige Speise Fisch" bis heute nicht.

Trierer Moselhecht

Zutaten für
2 Portionen
1 Schweinsnetz (beim Fleischer besorgen),
400 g Weißkohl,
1/4 l Weißwein,
1/8 l süße Sahne,
200 g Hechtfilet,
Salz,
1 Eßl. Butter

Das Schweinsnetz wässern. Das Wasser zweimal wechseln. Den Weißkohl putzen, waschen, gut abtropfen lassen, dann in feine Streifen schneiden und in dem Weißwein (Mosel, herb) auf milder Hitze garen. Zum Schluß die Sahne unterrühren, dann kalt stellen. Das Hechtfilet vorsichtig waschen, trockentupfen, etwas salzen, dann in der Butter leicht anbraten, anschließend auskühlen lassen. Das Schweinsnetz aus dem Wasser nehmen, trocknen und ausbreiten. Das angebratene Hechtfilet in die Mitte legen und mit dem Weißkohl dick bestreichen. Überflüssigen Rand vom Schweinsnetz abschneiden. Das Netz über Filet und Kohl zu einem Paket zusammenklappen. Dann mit der Filetseite nach oben auf ein Backblech setzen, im vorgeheizten Backofen bei 180° noch 15 bis 20 Minuten überbakken. Vor dem Servieren aus dem Netz nehmen und mit Salzkartoffeln servieren.

Dieses Trierer Gericht ist eines der „schönsten Gerichte aus den deutschen Landschaften“ in einer Sonderausgabe „Unvergessene Küche“ der Zeitschrift „essen & trinken“ vom Jahre 1979.

Hecht mit Speckauflage

1 kg frischer Hecht,
50 g fetten Speck,
Salz, Pfeffer,
2 Eßl. Öl,
1/8 l saure Sahne,
Paprika

Den ausgenommenen, enthäuteten und gewaschenen Fisch in lange dünne Streifen schneiden, mit Speckstreifen belegen, mit Garn verschnüren, mit Salz und Pfeffer bestreichen und im Backofen bei 225° etwa 30 Minuten braten, dabei einige Male begießen. Zum Schluß saure Sahne hinzugeben, den Hecht mit Paprika bestreuen und weitere 5 Minuten backen lassen.

In den Maaren der Eifel ist der Hecht besonders häufig und daher in der Eifeler Vulkangegend als Speise beliebt.

Fischfrikadellen

500 g Fischreste,
Fett zum Braten,
1 Zwiebel,
Salz, Pfeffer,
Muskat,
1 Brötchen,
1 Ei,
Semmelbrösel

Übriggebliebenes Fischfleisch wird fein gehackt oder durch den Fleischwolf gedreht. Man vermischt es mit der in Fett gedünsteten Zwiebel und würzt mit Salz, Pfeffer und wenig Muskat. Das eingeweichte und ausgedrückte Brötchen wird mit einem Ei gemischt und zu der Fischmasse gegeben, aus der man flache Klöße formt. Diese wendet man in Semmelmehl und brät sie goldbraun.

Am Freitagabend wurden Fischfrikadellen zu Bratkartoffeln gereicht. Aus gekochten oder gebratenen Fischresten zauberte man auch einen Fischsalat, dem man Gurken, hartgekochte Eier, Sardellen oder etwas Sellerie beimischte. Man konnte den Fischsalat (am besten schmeckt er mit feinem Forellenfilet) mit einer einfachen Essig-Öl-Soße oder einer Remouladentunke anmachen.

Am Herd des Hauses selbst zu schalten
ist deutscher Frauen alter Brauch.
Wie Eure Mütter es gehalten,
Ihr Frau'n und Töchter haltet's auch!

Eifeler Dorfbrunnen

Wenn Menschen sich in Vorzeiten irgendwo niederließen, mußte vor allem Wasser in der Nähe sein. So entstanden in den Tälern die ersten Siedlungen. Reißende Bäche und feuchte Talgründe mied man indes. Wurden auf Berg-Plateaus Dörfer gegründet, so waren mit Gewißheit mehrere Quellen in der Nähe.

Bis ins vorige Jahrhundert wurde das Bachwasser zum Wäschewaschen, zum Putzen und als Tränkwasser für's Vieh genutzt. An das Trinkwasser stellte man indes höhere Ansprüche und versuchte, klares, frisches, heilkräftiges Quellwasser anzuzapfen. Wie sehr die römische Besatzungsmacht das kalkhaltige Eifelwasser schätzte, erzählen die Kanalanlagen, die von den Bergen klares Eifelwasser in die römischen Städte Köln bzw. Trier brachten.

Da die Ergiebigkeit mancher Quellen nachließ, mauerten unsere Vorfahren Brunnen, die aus den tiefen, wasserreichen Devonschichten gespeist wurden. Einer der ältesten Brunnen der Eifel dürfte der „Heidenpütz" bei Nöthen/Bad Münstereifel im gallo-römischen Matronentempel sein. Der Brunnen ist bereits aus dem 1. Jahrhundert n. Chr. nachgewiesen. In der Weihnachtsnacht, der alten angelsächsischen Mütternacht, erklingt nach alter Überlieferung tief unten im Brunnen ein Glöcklein. Das Wasser war unseren Vorfahren heilig und diente neben praktischen Zwecken auch kultischen Reinigungsriten.

Bei den Brunnen des letzten Jahrhunderts unterschied man zwischen Lauf-, Zieh- und Schöpfbrunnen. Während man bei den Laufbrunnen recht bequem das fließende Wasser einfangen konnte, war das Schöpfen aus der Brunnentiefe schon schwieriger. Mit einer langen Stange, an deren Ende der Schöpfeimer an einem Eisenhaken hing, holte man das Wasser aus der Tiefe. Bei anderen Brunnen wurde mittels einer langen Eisenkette und einer Winde der große, stabile Holzeimer in die Tiefe gelassen und gefüllt wieder hochgezogen. Fast schon modern waren die Brunnen mit Pumpen und Pumpenschwengel. Ein guter Brunnen mit stets frischem und klarem Wasser war ein kostbarer Besitz und wurde sorgsam gepflegt und instand gehalten. Es war schwere Arbeit, das Wasser vom Brunnengrund hochzuziehen und die schweren Eimer nach Hause zu schleppen. Diese Arbeit wurde vorwiegend von Frauen geleistet. So wurden die Brunnen Treffpunkte der Frauen. Beim Wasserholen konnten die Frauen Neues aus dem Dorf austauschen, um Rat und Hilfe bitten und eigene Erfahrungen weitergeben. Die Mutmaßung, daß die Dorffrauen beim „Brunnenklatsch" die schwere Last des Schleppens und manchmal sogar das Mittagessen vergaßen, wie es ein alter Bericht meint, kann einer irreführenden Brunnenromantik, aber auch einer männlichen Geschichtsschreibung zugeordnet werden.

Besonders beschwerlich war das Wasserpumpen und Eimerschleppen zur Winterzeit. Oftmals gefror das Wasser, und auch die Pumpe verweigerte ihre Dienste. So wurden mancherorts in Kellern Privatpumpen angelegt, damit man auch im Winter nicht auf das lebenswichtige Naß verzichten mußte.

Als die Wasserleitungen in den Eifeldörfern verlegt werden sollten, brachten vor allem die hohen Kosten die Bürger auf die Barrikaden (s. Clara Viebig: Das Kreuz im Venn). Die Arbeitsersparnis war meist kein Thema, denn die Frauen verrichteten ja umsonst die Arbeit des Wasserschleppens. Die hygienische Verbesserung lernte man erst allmählich schätzen. In Köln wurde 1872 und in Euskirchen 1908 mit der Verlegung der Wasserleitung begonnen. Es dauerte jedoch noch Jahre und Jahrzehnte, bis jeder Haushalt in den Eifeldörfern dem Wasserversorgungsnetz angeschlossen war.

Nach dem Zweiten Weltkrieg waren viele Wasserrohre beschädigt. So war man froh, daß noch einige der alten Dorfbrunnen gebrauchsbereit waren. Doch dann verschwand der alte Pütz vollkommen aus dem Dorfbild. Nur einige Restaurierungen und Nachbauten erinnern an die alten Dorfmittelpunkte. Eine der schönsten Brunnen der Eifel ist der „Löwenbrunnen im Paradies“ der Abtei Maria Laach. Die vier aus den Löwenmäulern fließenden Wasser erinnern an die Wasser des Paradieses, die in die vier Himmelsrichtungen fließen.

Heute ist ein Dorfbrunnen für uns ein Stück Romantik der sogenannten guten alten Zeit. Der Heimatdichter Peter Kremer hat die Poesie eines Eifeler Dorfbrunnens eingefangen und beschrieben: „Der Brunnen läuft und rauscht ins Becken, unaufhörlich füllt er den Stein, immer gleich klar und undurchsichtig. Hat er nicht seit den ersten Tagen des Dorfes jedes Gesicht in seinem Spiegel geschaut? Er kennt sie alle, die Dorfleute, von Anbeginn her…; da spielen die Kinder, da scherzen und lachen die Mädchen, da schäkern die Burschen, da trinken und wiehern die Pferde, da stärkt sich der fremde Wanderer und ruht ein Weilchen, da fließt die Kraft der Heimat aus der Mutter Erde.“

Quellenangaben:

Klaus Mark: Ein alter Brunnen erzählt, in: Eifel-Kalender 1955

Dr. Br.. Maifelder Dorfbrunnen, in: Die Eifel, 10/1961

H. Gappenach: Der Dorfbrunnen früher und heute, in: Die Eifel 9/1963

Gerhard Küpper: Wasserversorgung anno dazumal, in: Die Eifel 4/1964

Peter J. Weiss: Von Brunnen und Pumpen, in: Heimatkalender Landkreis Monschau 1967

Christoph Wendt: Reisebuch Südeifel, Aachen 1994

Sophie Lange: Wo Göttinnen das Land beschützten, Matronen und ihre Kultplätze zwischen Eifel und Rhein, Sonsbeck 1994

Gemüse und Salate

Wie einst zu jedem Eifelhaus ein Stall gehörte, so fand sich auch bei jeder noch so kleinen Hütte ein Garten. Ursprünglich wurde in der Eifel jede Gartennährpflanze als Mus bezeichnet, erst später unterschied man zwischen Mus und Gemüse. Zum Mus zählte man Blattgemüse wie Rübstiel, Spinat, Mangold, Melde, Kraus- und Winterkohl, Kohlrabi- und Runkelrübenblätter. Als Gemüse bezeichnete man Bohnen, Möhren, Sellerie, Kohlrabi, Blumenkohl usw.

In jedem alten Eifeler Bauerngarten wuchsen neben zahlreichen Blumen (meist für die Gräber gebraucht) Gemüsepflanzen sowie zahlreiche Suppen- und Gewürzkräuter: Petersilie, Schnittlauch, Bohnenkraut, Dill, Salbei, Pfefferminz, Liebstöckel, Kümmel, Fenchel und Anis. Der Gemüsegarten wurde oftmals Kappesgarten genannt, womit schon ausgedrückt wird, welches Gemüse die größte Gartenfläche beanspruchte. Die Bohnenstangen erzählten aber auch von weiterem Gemüse. Dazu kamen Suppengemüse, die querbeet in jedem Eifeler Bauerngarten wuchsen: Möhren, Sellerie, Kohlrabi und Lauch. An Salaten waren meist Endivien und Feldsalat zu finden. War der Garten groß genug, so wurden dort zusätzlich Kartoffeln angepflanzt. Auch Zwiebeln und Knoblauch waren bekannt (bereits 848 erwähnt). Daß man Zwiebeln jedoch nicht immer selbst anpflanzte, sagt ein Marktbericht aus Kall von 1876: „Alle sonstigen gewöhnlichen Krammarkt-Gegenstände (neben dem Viehauftrieb) waren vertreten, auch war für Zwiebel, welche hiesiger Gegend gänzlich fehlen, gesorgt."

Gartenarbeit war Frauenarbeit, schwere, aber dankbare Arbeit: „Mit den ersten Frühlings-Sonnenstrahlen ging es Jahr für Jahr ans Werk. Da wurden die Gärten umgegraben, da wurde gepflanzt und gesät, gejätet und gehackt. Mit Bewunderung und Ehrfurcht wurde das Wachstum der vom

Himmel geschenkten Früchte Tag für Tag verfolgt." Dabei waren die Aussaatzeiten von großer Wichtigkeit. Für dicke Bohnen heißt es: Wer decke Bonne weil eiße, darf der März nit verjeiße. (Wer dicke Bohnen essen will, darf den März nicht vergessen). Der Gertrudistag am 17. März galt als Stichtag. Strauch- und Stangenbohnen sollten jedoch erst nach den Eisheiligen und der kalten Sophie (15. Mai) ausgelegt werden.

Nach uralten, überliefertem Wissen wurde für die Aussaat das Mondlicht beachtet, denn man sah den Mondeinfluß beim Säen und Ernten als bedeutend. Folgende Regeln waren u.a. bekannt:

Saubohnen sollen im jungen Licht (also kurz nach Neumond) im Zeichen des Krebses gesteckt werden.
Erbsen sollen im Zeichen des Steinbocks gelegt werden (da diese sonst angeblich beim Kochen nicht gar werden).
Rettiche müssen bei abnehmendem Mond gesteckt werden.
Zwiebeln soll man bei Vollmond im Zeichen der Waage setzen.
Salat soll bei abnehmendem Mond und im Zeichen der Waage gesät werden. (Bei zunehmendem Mond gibt es keine Köpfe, der Salat schießt sofort auf.)
Kraut muß bei abnehmendem Mond im Zeichen der Waage gesät werden. Zur Bereitung von Sauerkraut muß das Kraut bei abnehmendem Mond im Zeichen des Steinbocks geschnitten und in das Faß gegeben werden.

Manches alte Wissen ging im Laufe der Jahrhunderte in Aberglauben über. So wurde etwa empfohlen, den Möhrensamen aus einem dickbauchigen Gefäß zu säen, weil dann die Möhren so dick würden wie das Gefäß. Erbsen und Bohnen wurden „um die meisten Stunden", also um Mitternacht ausgelegt, da man sich davon die beste Ernte versprach.

Lange Winter und kurze Sommer brachten längst nicht immer eine ertragreiche Gartenernte. Dann war alle Arbeit und Mühe umsonst gewesen, und das Gemüse verfaulte oder erfror, bevor es erntereif geworden war.

Als Wildgemüse gelten vor allem die Pilze. Wer jedoch in alten Eifeler Kochbüchern oder Aufzeichnungen nach Pilzrezepten sucht, der sucht vergebens. Der Eifler und der Rheinländer hatten eine gewisse Scheu vor den „Schwämmen", die sie Hasen- und Teufelsbrut, Hexen- und Teufelseier, Quergeschirmche oder Heizeledaach nannten. „Aus diesen Worten klingt Poesie, raunen Geistwesen und Waldgeheimnisse, aber keine Koch- und Bratrezepte", schreibt Franz Peter Kürten. Obwohl die Menschen vom Lande in Notzeiten alles aßen, was nur irgendwie eßbar war, hielten sie sich von den Pilzen fern. Ob alten Kräuterweiblein die Unterschiede zwischen giftigen und eßbaren Pilzen nicht geläufig waren, obwohl sie andererseits jede Nutz- und Giftpflanze genauestens kannten? Gab es zuviele geheimnisvolle Pilz-„Unfälle" oder war das alte Wissen mit der Ausrottung der weisen Frauen auf den Scheiterhaufen verbrannt worden? Wie auch immer es gewesen sein mag, erst nach dem Zweiten Weltkrieg wurde durch die Heimatvertriebenen der ostdeutschen Länder die Pilzsuche in der Eifel aktuell, obwohl die meisten Eifeler bis heute eine gewisse Scheu vor wildwachsenden Pilzen nicht ablegen können. Da kauft man lieber Pilze in der Dose.

Von Bohnen, Kappes und Steckrüben

Zu einer Festmahlzeit wurde das Gemüse sehr sorgfältig zubereitet. An Wochentagen allerdings kochte man häufig Gemüse und Kartoffeln untereinander, z. B. Weißkraut, Sauerkraut, Grünkohl, Brennesseln, Möhren usw. (s. Eintöpfe und Suppen). Die Begründung einer Eifeler Bäuerin: Et kütt doch alles in een ond derselbe Maag. (Es kommt doch alles in ein und denselben Magen.) Häufig wurde die Eifeler Speck-Zwiebelsoße zu den Gemüsen gereicht.

Gemüse galt bei unseren Vorfahren nicht als Beilage zum Fleischgericht, sondern als Hauptgericht; es gab also Gemüse *oder* Fleisch. Männer legten nicht unbedingt Wert auf Gemüse, da war ihnen ein kräftiges Stück Fleisch lieber.

Dicke Bohnen

500 g dicke Bohnen (ganz jung), Salz, Bohnenkraut, 50 g fetter Speck, 1 Eßl. Schmalz, 1 Eßl. Mehl, Fleischbrühe, Pfeffer

Die jungen, fingerbreiten, noch nicht ausgewachsenen Bohnen werden mit den Schoten in Salzwasser 30 Minuten gekocht, dann ein Stengel Bohnenkraut hinzugefügt und nochmals 10 Minuten gekocht. Für die Specksoße den fetten Speck in Würfel schneiden und in Schmalz auslassen, das Mehl darüber stäuben und die Mehlschwitze mit Fleischbrühe ablöschen. Mit Salz und Pfeffer abschmecken und über die Bohnen geben.

Diese „Säusbunne in Specksoße“ waren in der Eifel äußerst beliebt, allerdings läßt sich das Gericht in obiger Form nur herstellen, wenn man einen eigenen Garten besitzt, da dicke Bohnen erst ausgereift auf den Markt kommen. Es läßt sich aber auch ohne Schoten, nur mit den Dicke-Bohnen-Kernen, zubereiten, was allerdings den speziellen „Säusbunnegeschmack“ beeinträchtigt.
Die Innenseite der dicken Bohnenschote war ein altbewährtes Hausmittel gegen Warzen. Dreimal täglich sollten diese damit eingerieben werden.

Bohnenpüree

500 g Strauchbohnen, Salz, Pfeffer, Bohnenkraut, Crème fraiche, Butter

Die Bohnen putzen und in Wasser mit Salz, etwas Pfeffer und Bohnenkraut (10 Min.) knapp eine Stunde lang kochen. Dann püriert man die Bohnen (heute mit dem Pürierstab, früher mittels Haarsieb), gibt einen Eßlöffel Crème fraiche und heiße Butter dazu und serviert das Bohnenpüree zu Kartoffeln.

Tendiert man heute mehr dazu, die Bohnen mit einer hellen Soße zu servieren und nicht zu pürieren, so war früher der Gemüsebrei, den man auch mit Erbsen oder Linsen herstellte, allgemein üblich. Solches Mus wurde warm oder kalt gegessen und notfalls als Brotaufstrich genommen. Auch briet man es paniert als fleischlose Fastenkoteletts.

Bohnengemüse sauer

500 g Schneidebohnen (milchsäurevergoren), 20 g Fett, 40 g Mehl, Salz, Zwiebelpulver, Bohnenkraut

Die Schneidebohnen abtropfen lassen (Flüssigkeit auffangen), mit gut 1/4 l Wasser weichkochen und auf einem Sieb abtropfen lassen. Aus dem Fett und Mehl eine angebräunte Schwitze bereiten und mit Bohnenwasser auffüllen, die abgetropften Bohnen hineingeben und mit Salz und Zwiebelpulver und etwas Bohnenkraut abschmecken.

Für das Einmachen der Bohnen gilt folgendes: Die grünen Bohnen werden den ganzen Sommer über schichtweise von Ernte zu Ernte „geschnippelt" und mit Salz vermischt in ein Steintopffaß gedrückt. Auf die neue Lage legt man dann jeweils ein sauberes Tuch und der Faßgröße angepaßte Bretter, die mit Steinen beschwert werden.

Blumenkohl gebraten

1 Kopf Blumenkohl, Salz, 2 Eier, Paniermehl, Butter

Der vorbereitete Blumenkohl wird in Salzwasser abgekocht. Die einzelnen Blumenröschen werden zuerst in aufgeschlagenem Ei und dann in Paniermehl gewendet. Das panierte Gemüse wird in Butter gebraten und mit Salzkartoffeln serviert.

Dieses Rezept stammt aus Daun, ein anderes aus Trier empfiehlt, die Röschen in einem Teig aus Mehl, Öl, Salz und Eischnee zu wenden und dann zu braten. Blumenkohl kann auch im Backofen mit Butter belegt und mit Parmesan bestreut, überbacken werden.

Rosenkohl auf Großmutters Art

750 g Rosenkohl, Salz, 50 g durchwachsener Speck, 1 Zwiebel, 60 g Butter, 1 Scheibe Toastbrot

Rosenkohl putzen, waschen und in einem Sieb abtropfen lassen. Die Strünke über Kreuz einschneiden. Wasser in einem Topf mit Salz zum Kochen bringen, Rosenkohl hineingeben und bei schwacher Hitze 15 Minuten zugedeckt kochen lassen. In ein Sieb geben und abtropfen lassen. Den Speck und die geschälte Zwiebel fein würfeln. 40 g Butter in einem großen, flachen Topf erhitzen, Speck- und Zwiebelwürfel hineingeben und goldgelb braten. Rosenkohl dazugeben und durchschwenken. Die restliche Butter in einer anderen Pfanne erhitzen. Vom Toastbrot die Rinde abschneiden, Brot ganz fein würfeln, in die Pfanne geben und rösten. Rosenkohl in einer Schüssel anrichten und geröstete Brotwürfel darübergeben.

Nach seinen Knospen, die den Rosen ähneln, hat dieser Kohl seinen Namen. Im Rosengarten wuchsen einst weder Rosen noch Rosenkohl, sondern dieses Wort, das oft als Flurbezeichnung auftaucht, meint ein geschütztes Gebiet. Oftmals tragen alte römische oder sogar vorrömische Siedlungs- oder Begräbnisstätten solche „Rosen"namen. Die einstige Eifeler Mädchenvereinigung „Rosengarten" war ebenfalls ein Schutzgebiet. Hier waren die Mädchen unter sich und konnten sich gegenseitig schützen und unterstützen. Das alte Volkslied „Schatz, ach Schatz, reise nicht so weit von hier" meint wahrscheinlich diese Mädchenvereinigung, denn es heißt in dem einst in der Eifel gerne gesungenen Lied: „Im Rosengarten will ich auf dich warten..."

Lauch überbacken

8 Stangen Lauch,
Salz,
8 Scheiben gekochter Schinken,
30 g Knoblauchbutter,
40 g Mehl,
1/4 l Milch,
1 Prise Muskat,
2 Eßl. gehackte Nüsse,
100 g geriebener Emmentaler

Lauch sehr gründlich waschen. Die äußeren Blätter entfernen, das weiße Ende in gleich lange Stücke schneiden (Größe der Schinkenscheiben) und in wenig Salzwasser in 20 Minuten garen. Abschütten, wobei das Gemüsewasser aufgefangen, mit 1/4 l Wasser verdünnt und beiseite gestellt wird. Für die Soße die Knoblauchbutter erhitzen, Mehl darin anschwitzen, mit Gemüsebrühe und Milch aufgießen und mit Muskat abschmecken. Auflaufform mit Butter einfetten. Jedes Lauchstück mit einer Scheibe Schinken umwickeln, in die Form legen und mit der Soße begießen. Nüsse und Käse darüberstreuen, Butterflöckchen aufsetzen und bei 200° im vorgeheizten Backofen 15 bis 20 Minuten überbacken.

„Feinschmecker lieben ihn überbacken!", so heißt es über Lauch, Breitlauch oder auch Porree genannt. Wahrscheinlich meint der Prümer Mönch Wandalbert dieses Stangengemüse, wenn er von Lattich spricht: „Nun auch wird Lattich bereitet zum köstlichen Mahle, zugleich doch/ Pflegt man den herben Geschmack durch liebliche Kräuter zur mildern." Lauch ist ein Wintergemüse und verwandt mit Zwiebel, Knoblauch und Schnittlauch. Es ist der „stämmigste und würzigste unter diesen kräftigen Gesellen".

Artischocken mit Siebentassensoße

4 Artischocken,
Salz

Für die Soße:
1 Tasse Fleischbrühe,
1 Tasse herben Weißwein,
1 Teel. Zucker,
4 Eigelb,
1/2 Tasse flüssige Butter,
1 Eßl. Senf,
Essig

Man schneidet den Stiel, das Grüne und Harte sowie die Stachelspitzen ab, bringt die Artischocken in gesalzenes kochendes Wasser und läßt sie in ungefähr 30 Minuten gar kochen.

Für die Soße mißt man die Zutaten mit einer kleinen Tasse, wobei man je nach der Schärfe Essig und Senf weniger nimmt. Alle sieben Dinge werden in einem Topf zusammengequirlt und auf dem Feuer bis zum Kochen gebracht. Die Reihenfolge ist in einem „Verschen" angegeben:

Mit Fleischbrühe fängst Du an,
Leichter Weißwein folgt sodann.
Zucker heißt die dritte Nummer.
Eigelb gibt zuweilen Kummer.
Butter, doch zuvor zerlassen,
Mostrich, Essig, gibt sieb'n Tassen.

Diese Siebentassensoße wurde kalt und warm verwendet und zu Gemüsen, Fleisch und Fisch gereicht. Kühlgestellt und „festverkorkt" hält sie sich 3 bis 4 Wochen.

Brennesselgemüse

500 g Brennessel,
Salz, Fett, Mehl,
Milch, 1 Zwiebel

Junge Triebe und Blätter der Brennessel werden einige Minuten in Salzwasser gekocht, abgeseiht, ausgedrückt und fein gewiegt. Mit Fett, Mehl und Wasser sowie etwas Milch macht man eine helle Mehlschwitze, gibt die klein geschnittene Zwiebel und die Brennesseln dazu und läßt das Gemüse 15 Minuten kochen.

Nach dem Zweiten Weltkrieg kochte man aus manchem Wildkraut ein spinatartiges Gemüse, so z.B. aus Lungenkraut, Hederich, Breitwegerich. Junge Sprossen und Blätter des Hopfens wurden an Hecken gesucht und wie Spargel zubereitet.

Sauerkraut mit Böhnchen

1 kg Sauerkraut,
1/4 l Fleischbrühe,
500 g durchwachsenen Speck,
Wacholderbeeren,
Pfeffer,
1 Kartoffel,
250 g weiße Bohnen,
Salz, Zucker

Das Sauerkraut in etwas Fleischbrühe (Pökelbrühe) mit dem kleingeschnittenen Speck, einigen Wacholderbeeren und etwas Pfeffer in 40 Minuten gardünsten. Mit einer geriebenen rohen Kartoffel sämig machen. Die über Nacht eingeweichten Bohnen gesondert in Salzwasser kochen (60 Minuten) und zu dem Sauerkraut geben. Mit Salz und etwas Zucker abschmecken und zu Kartoffelpüree reichen.

Als Eintopf lernten wir die Mischung Sauerkraut/weiße Bohnen (sowie das Einsäuern des Kohls) bereits kennen. Natürlich wurde auch Sauerkraut mit der altbewährten Eifeler Specksoße gereicht. Als „fruchtiges Sauerkraut" ist es mit

Äpfeln und hellen Trauben (ohne Kerne) bekannt. Daß man es auch als Haus- und Heilmittel einsetzte, sagen folgende Tips aus alter Zeit:
Um Teppiche zu reinigen, nimmt man rohes Sauerkraut, läßt es in der Luft gut trocknen und reibt dann die Teppiche gut ab. Das Sauerkraut wird rasch schwarz, da es alle Unreinlichkeiten aufnimmt.
Sauerkraut auf den Kopf gelegt, soll Kopfschmerzen mildern.

Schichtkohl

1 Weißkohl,
500 g Gehacktes (halb und halb),
1 eingeweichtes Brötchen,
2 Eier,
Zwiebel, Salz,
Pfeffer, Muskat,
Butter, Kümmel

Den Weißkohl entblättern und die Blätter 5 bis 7 Minuten blanchieren und abtropfen lassen. Aus dem Gehackten, dem eingeweichten und ausgedrückten Brötchen und den Eiern einen Hackfleischteig herstellen und mit den Gewürzen kräftig abschmecken. (Wer Gehacktes gerne „gut durch" mag, sollte es braten oder zumindest anbraten.) Eine feuerfeste Form mit Butter ausschwenken und mit einer dicken Lage Weißkohl belegen. Darüber etwas Kümmel und Salz (über jede Lage Weißkohl) streuen, darüber eine Lage Hackfleisch schichten, wieder Weißkohl, dann Hackfleisch und mit einer Lage Weißkohl abschließen. Einige Butterflöckchen daraufsetzen und im Backofen bei 190° auf der unteren Schiene des Backofens 45 Minuten abbakken.

Das Gericht wird im Topf portioniert, damit die einzelnen Schichten erkennbar sind. Man kann die bewährte Speck-Zwiebelsoße mit einschichten. Anstatt Weißkohl läßt sich

Wirsing verwenden. Der Schichtkohl ist in der Eifel beliebter als die Kohlrouladen, bei denen das Gehackte in die Kohlblätter eingebettet wird.

Gedämpfter Kappes

1 Weißkrautkopf,
1 Zwiebel,
Butter oder Suppenfett,
Salz, Kümmel, Zucker,
Fleischbrühe,
1 Eßl. Essig,
1-2 Eßl. Mehl

Die Schülerinnen der Hauptschule Daun haben die Zubereitung des gedämpften Kappes sehr exakt aufgeschrieben: Man halbiert einen Weißkrautkopf, löst die Blätter und entfernt die Rippen, legt erstere aufeinander, rollt sie zusammen und schneidet sie in feine Streifen. Man wäscht das Gemüse und läßt es abtropfen. Sodann wird eine feingeschnittene Zwiebel mit einem Stück Butter oder Suppenfett leicht gebräunt, das Kraut hinzugefügt, Salz, Kümmel, Zucker, etwas Fleischbrühe und 1 Eßl. Essig beigegeben und gedünstet. Ist es gar, wird das Gemüse mit 1-2 Eßlöffeln Mehl bestäubt, nochmals mit Essig und Brühe abgeschmeckt und mit gekochtem Rindfleisch angerichtet.

Im Eifelvereinsblatt von März 1927 ist über den Kappesanbau in Baasem berichtet: „Vorzüglich gedeiht in Baasem der Weißkohl, aber auch roter Kappes und „Schawuuen" (Wirsing) lohnen sich. Nur auf Kalkboden, mag er noch so steinig sein, wird eine gute Ernte erzielt. Der Kohl wird im Herbst zuletzt geerntet. Manchmal glitzern die dicken Händer (Häupter) wie von Diamanten besät in der Morgensonne, wenn die Nachtfröste allzu früh sich einstellen. Mit einem starken Messer oder leichten Beil wird die „Enthauptung" ausgeführt, und jeder Streich trennt ein Händ vom

Stronk (Stengel). Zu Hause in der Scheune werden dann die äußeren Blätter abgezogen und der Stengel dicht am Kopfe abgeschnitten. Damit ist die Ware verkaufsfertig. Vor der Jahrhundertwende gingen Hunderte von Zentnern hinaus ob de Kyll (Kylltal), in der Dall (Schleidener Tal) und am meisten en et Treeschland (Drieschland-Wiesenland), die Gegend von Losheim, Weywertz, Malmedy." Mit Leiterwagen wurden die Kohlköpfe transportiert und sowohl im Hausiererhandel als auf dem Markt verkauft. Doch bald war es für Baasem mit dem einträchtigen Kohlhandel vorbei. Die Bauern des Niederrheins lieferten billigere Ware: „Die Preise sanken mehr und mehr, bis schließlich der Anbau für die Baasemer nicht mehr rentabel war. Heute (1927) wird in Baasem nicht viel mehr Weißkohl als für den eigenen Bedarf gezogen. Doch bringt der Verkauf von Steckrübenpflanzen auch heute noch manchen Taler ein."

Steckrüben

1 kg gelbe Rüben,
Petersilie, Butter,
Salz, Pfeffer,
1 Eßl. Mehl,
Fleischbrühe,
2 Eßl. Rahm

Das alte Rezept lautet: Man schabt die Rüben, schneidet sie in dünne längliche Stückchen oder in dünne Scheiben und wäscht sie. Dann dämpft man fein geschnittene Petersilie in etwas Butter, thut die gelben Rüben hinein, Wasser, Salz und Pfeffer dazu, rührt sie um und läßt sie dämpfen (ca. 30 Minuten). Sind sie fast weich, so streut man einen Löffel Mehl darüber, läßt es ungerührt etwas mitdämpfen und gießt mehrere Löffel Fleischbrühe und zwei Löffel Rahm dazu, damit sie ein wenig Sauce bekommen. Statt der Fleischbrühe ist auch Bratenjüs sehr gut.

Die gelbe Rübe dient als Viehfutter, wurde aber auch als menschliche Nahrung genutzt. Sie ist mit der Kohlrabi vergleichbar und wird auch gerne Erdkohlrabi genannt. Ihr Geschmack ist indes viel würziger. Man aß süße, eingemachte und eingesäuerte Rüben. Als Rübengemüse kochte man außerdem die Knolle des reif oder hart gewordenen Stielmus, den man mit Kartoffeln und Fleisch (Rippchen oder Speck) zu einem Eintopf verarbeitete.

Rübstielmus

1 kg Rübstiele,
20 g Margarine, Salz,
30 g Margarine,
20 g Mehl,
1/4 l Milch,
Salz, Pfeffer, Muskat

Rübstiele von dunkelgrünen Blatteilen befreien, gründlich waschen und gut abtropfen lassen. In 4 bis 5 cm lange Stücke schneiden. Margarine in einem Topf erhitzen, Rübstielstücke zugeben, salzen und im geschlossenen Topf in 10 Minuten gar dünsten. Zwischendurch vorsichtig umrühren, damit das Gemüse nicht anbrennt. Für die Soße die Margarine in einem Topf erhitzen, Mehl darin unter Rühren in 2 Minuten anschwitzen, mit Milch ablöschen und 5 Minuten kochen lassen. Mit Salz, Pfeffer und Muskat abschmecken und zum Gemüse geben. Gut umrühren und in einer vorgewärmten Schüssel servieren.

Stielmus ist ein altüberliefertes Rezept, obzwar die Rübe und ihre Blattstiele, et Stilmos, wegen ihrer Bitterkeit nicht jeder Zunge schmeckt. Bei der Ernte ging es nicht wie Kraut und Rüben durcheinander, sondern die Rüben wurden eingekellert, während die Stiele direkt in den Kochtopf gesteckt wurden.

Vom Frühlings- bis zum Wintersalat

„Wie kann ich meinen Küchenzettel durch zusätzliche Gerichte bereichern?" fragte das Mitteilungsblatt für den Kreis Schleiden am 1. April 1946. Die Antwort wurde gleich gegeben: „Indem ich wildwachsende Gemüse und Salat sammele". Aufgeführt sind Rezepte für Spinatersatz, Brennnesselsuppe und -gemüse und für Löwenzahneintopf. Von den jungen Blättern des Gänseblümchens wird empfohlen, einen Salat zu machen: „Wie Feldsalat mit Essig, Salz, Milch und Zitronensaft zubereiten, eine Stunde ziehen lassen."

Es war nicht das erste Mal, daß man in Hungersnöten auf Grünes zurückgriff, denn schon die Römer kreierten in Kriegszeiten bei Nahrungsmangel leckere Wildkräutersalate mit noch leckeren Marinaden. Inzwischen hat man aus der Not längst eine Tugend gemacht, und wildwachsende Kräuter als Salat oder als Salatzusatz sind als leckere Vitamin- und Mineralstoffspender beliebt. Allerdings muß man sich genau auskennen, um die richtigen Kräuter zu finden. Wanderungen, Seminare und Kräuterbücher helfen, die Kräuter kennenzulernen.

Das Trierische Kochbuch nennt die Grundregeln für die Salatzubereitung: „Ein altes, wahres Wort sagt, daß zum Anmachen eines guten Salates vier Leute nötig seien: ein Verschwender für das Oel, ein Geizhals für den Essig, ein vernünftiger Mann für Salz und Pfeffer und ein Narr für das Mischen." Dieses Grundrezept lautete bei den alten Griechen und Römern nicht anders. Es gibt jedoch viele Möglichkeiten, um dem Salat eine persönliche Note zu geben. Man kann mit unterschiedlichen Gewürzen und Kräutern mischen, mit Rahm oder Joghurt verfeinern oder mit Obst, Käse, hart gekochten Eiern, Wurst und Fleisch anreichern.

Heißt heute die Devise „täglich Rohkost und Salat", so war das noch vor Jahrzehnten anders. Es wurde nur wenig und selten frischer Salat gegessen. Trotzdem gibt es einige spezielle Eifeler Salatrezepte.

Frühlingssalat

1 Kopf Salat,
1 Frühlingszwiebel,
Löwenzahn,
Sauerampfer u.a.,
Öl, Essig,
Salz, Pfeffer,
Kresse,
Radieschen,
2 gekochte Eier

Kopfsalat gut waschen und abtropfen lassen, Frühlingszwiebel in Würfel schneiden, den sehr jungen Löwenzahn und Sauerampfer fein wiegen und alles in einer großen Salatschüssel vorsichtig vermischen. Aus Öl, Essig, Salz und Pfeffer eine Salatsoße machen und über den Frühlingssalat geben. Kresse gesondert mit wenig Salatsoße anrühren und in die Mitte auf den Salat geben. Radieschen und Eierscheiben zum Garnieren verwenden.

Die Wildkräuter sind nach Belieben und Vorhandensein ergänzbar mit Giersch, Vogelmiere, Spinatblättern, Franzosenkraut (kleinblütiges Knopfkraut), Zitronenmelisse usw. Wer einen leichten Knoblauchgeschmack mag, kann die Salatschüssel mit Knoblauch einreiben. Wie alle grünen Salate soll auch der Frühlingssalat sofort serviert werden.

Gierschsalat

150 g Gierschblätter,
25 g geriebener Meerettich,
Salz, saure Sahne

Junge Gierschblätter waschen, mit kochendem Wasser übergießen und 10 Minuten ziehen lassen. Das Wasser abgießen, die Blätter zerschneiden, geriebenen Meerettich und Salz nach Geschmack hinzufügen, untereinandermengen und mit saurer Sahne verfeinern.

Giersch (Zaungiersch) ist überall in der Eifel anzutreffen, in Laub-, Misch- und Nadelwäldern, an Kahlschlägen, in Gärten sowie an Hecken und Zäunen. Er hat einen hohen gesundheitlichen Wert und kann „in die Reihe der nützlichsten wildwachsenden Speisepflanzen gestellt werden."

Löwenzahnsalat mit Brot

500 g Löwenzahn,
80 g mageren Speck,
1 Zwiebel,
2 Eßl. Essig,
4 Eßl. Öl,
Salz, Pfeffer,
Worcestersoße,
4 Scheiben Brot,
40 g Butter,
2 Scheiben Toastbrot

Den frischen, vor der Blütezeit gestochenen Löwenzahn putzen, waschen (evt. kurz in Wasser liegen lassen, damit er nicht bitter schmeckt), in grobe Stücke schneiden und in eine Schüssel geben. Den Speck in Würfel schneiden, mit den Zwiebelwürfeln anrösten und beides über den Löwenzahn geben. Essig und Öl darüber gießen und mit Salz, Pfeffer und etwas Worcestersoße abschmecken. Die Brotscheiben (verschiedene Brotsorten) von der Rinde befreien, in Würfel schneiden und in Butter knusprig rösten und in den Salat mischen. Die Toastscheiben in je 4 Dreiecke teilen, ebenfalls in Butter rösten und den Salat damit garnieren.

Mit einigen Gänseblumenblättchen, jungen Huflattichblättern oder Brennesseln wird der Löwenzahnsalat noch herzhafter. Daß der Löwenzahn auch als Salat-Eintopf lecker zubereitet werden kann, wurde schon bei den Eintöpfen gezeigt. 1946 wurde der Rat gegeben, die Wurzeln des Löwenzahns zu schneiden, zu rösten und als Kaffee-Ersatz zu verwenden.
Der Löwenzahn hat viele volkstümliche Namen: Ketteschlaat, Hongslatze, Märzenbusch, Pusteblume, Schmalzblümlein und Sonnenwirbel. Heute ist man nicht mehr auf wilden Löwenzahn angewiesen, da Zuchtlöwenzahn, z.B. „Vollherziger" aus Frankreich, auf den Märkten angeboten wird.

Gurkensalat

1/2 junge Salatgurke,
Essig, Pfeffer,
250 g Tomaten,
Salz, Salatkräuter

Die Gurke in feine Scheiben schneiden und mit wenig Essig und Pfeffer vermischen. Die Tomaten klein schneiden und daruntermischen. Erst zum Schluß mit Salz und Salatkräutern (Dill, Petersilie, Schnittlauch, Boretsch, Basilikum) abschmecken und sofort servieren.

Damit der Gurkensalat leichter verdaulich ist, macht man ihn ohne Öl an. Aber auch der Essig kann weggelassen werden und stattdessen Quark oder saure Sahne genommen werden, was ebenfalls der Verträglichkeit zugute kommt. Tomaten werden im Trierischen Kochbuch „Liebesäpfel“ genannt, wohl ein Anklang an den roten Granatapfel, ein altes Liebes- und Fruchtbarkeitssymbol.

Endiviensalat

1 Kopf Endiviensalat,
Schwarzbrot, Knoblauch,
Öl, Essig,
Salz, Pfeffer

Das alte Rezept lautet: Man nimmt die inneren, gelben, zarten Blätter von den Endivien, teilt diese einige Male der Länge und der Quere nach durch, wäscht und läßt sie trocknen, thut ein Stückchen Kruste von Schwarzbrod, auf der etwas Knoblauch abgerieben ist, dazu und macht den Salat mit Oel, Essig, Salz und Pfeffer an.

Früher wurden Endivien, Chicorée aber auch grüner Kopfsalat gerne gekocht. Für solches Salatmus kochte man die Salatblätter und pürierte sie mit Butter und Sahne. Diese köstlichen Gerichte stammen aus Belgien, fanden aber auch über die Grenze hinweg viele Liebhaber. Für das Rezept „überbakkene Salatherzen" werden ganze Salatblätter zunächst 10 Minuten lang gekocht und dann mit Käse und Schinken überbacken.

Rote-Beete-Salat

1 kleine rote Beete,
2 Äpfel,
2 Eßl. Essig,
1 Teel. Salz, Zucker,
geriebener Meerettich,
Ingwer, Sahne

Die rote Beete (Karoten) wird sorgfältig gewaschen, gekocht (50 bis 60 Minuten), geschält und auf der groben Seite einer Rohkostreibe gehobelt. Dann die rohen Äpfel (geschält oder ungeschält) auf der feinen Seite der Reibe raspeln. Beides miteinander mischen. Der Essig wird mit dem Salz und etwas Zucker aufgekocht, abgekühlt und über den Salat gegossen. Zum Schluß wird mit feingeriebenem Meerettich, etwas Ingwer und mit Sahne abgeschmeckt.

Eingemachte rote Beete stand im Winter fast täglich auf dem Mittags- oder Abendtisch, denn dieser Salat schmeckt zu gekochtem Rindfleisch ebenso wie zu Bratkartoffeln. Rote Rüben gehören „zu unseren wertvollsten Gemüsepflanzen" und sind ein Heilmittel bei Grippe. Wer in der Übergangszeit regelmäßig Rote-Beete-Saft trinkt, kommt ohne Erkältungen durch Herbst und Winter.

Rohkostsalat

250 g Lauch,
250 g Möhren,
100 g Sellerie,
Zitronensaft, Öl,
Salatkräuter

Lauch putzen und in feine Streifen schneiden. Möhren und Sellerie schälen und raspeln. Alle Zutaten mit Zitronensaft mischen, kurz einziehen lassen und mit Öl und Salatkräutern (evt. etwas Zucker) nach Geschmack zubereiten.

Natürlich läßt sich die Rohkost auch anders zusammenstellen: Grüner Salat und Rettich, Zwiebeln und Äpfel, Lauch und Äpfel, Sellerie (oder Fenchel) und rote Beete, Kohlrabi und Tomaten usw. Besonders beliebt waren in der Eifel Möhren und Äpfel.

Möhrensalat

500 g frische Möhren,
3 saure Äpfel,
Saft von 1 Zitrone,
3 Eßl. Öl,
1 Teel. Zucker,
1 Eßl. gehackte Nüsse

Möhren grob und Äpfel fein raspeln und mit der Salatmarinade aus Zitronensaft und Öl anmachen und mit dem Zucker abschmecken. Die gehackten Nüsse darübergeben.

Dieses einfache Rezept kann vielfältig ergänzt werden. Etwas Joghurt macht den Salat cremiger. Anstelle des Zuckers können einige eingeweichte Rosinen hinzugefügt werden. Man kann in feine Streifen geschnittenen Fenchel oder etwas Lauch hinzugeben. Für einen herzhaften Möhrensalat schneidet man 100 g Champignons dazu und schmeckt die Soße mit 2 Eßl. Sherry ab. An Kräutern passen Kresse, Schnittlauch und Petersilie zu Möhrensalat. Wer bei der Rohkost nicht auf Fleisch verzichten will, kann Salami unter den Salat mischen oder mit Wurstscheiben garnieren.

Bohnensalat

500 g Brechbohnen,
Salz, Bohnenkraut,
1 kleine Zwiebel,
Essig, Öl,
Salz, Pfeffer,
Dill, Petersilie

Die Bohnen werden gewaschen, abgefädelt und in Salzwasser gargekocht (30 bis 40 Minuten). In den letzten 10 Minuten etwas Bohnenkraut mitkochen lassen. Das Gemüse zum Abtropfen auf ein Sieb schütten. Aus der feingeschnittenen Zwiebel, dem Essig, Öl, Salz, Pfeffer und Dill eine Salatsoße machen. Bohnen hineingeben und etwas durchziehen lassen. Mit Petersilie bestreuen und servieren.

Dieser Bohnensalat wird an Festtagen zu Braten gereicht. Mit eingemachten Bohnen schmeckt der Bohnensalat besonders gut.

Rettichsalat

3 Rettiche,
saure Sahne, Salz,
Senf, Zucker

Die Rettiche putzen, waschen, fein raspeln oder in hauchdünne Scheiben (Gurkenreibe) schneiden. Saure Sahne mit Salz, Senf und einer Prise Zucker vermischen und damit den Rettichsalat anmachen. Sofort servieren.

Nach gleichem Rezept kann Selleriesalat gemacht werden. Dazu schmeckt vorzüglich Eifeler Schwarzbrot dick mit Butter bestrichen und ein kühles Bier.

Krautsalat mit Speck

500 g Weißkraut,
1 Teel. Salz,
5-6 Eßl. Essig,
1 Teel. Kümmel,
100 g durchwachsenen Speck,
1 Zwiebel,
1 rotschaliger Apfel

Vom Weißkohl die äußeren Blätter abtrennen. Den Kohl vierteln und fein hobeln, dabei den Strunk entfernen. Mit Salz bestreuen und mit einem Stampfholz vorsichtig bearbeiten, bis der Kohl Flüssigkeit abzugeben beginnt. Etwa 30 Minuten ruhen lassen. Der Essig wird mit etwas Wasser und dem Kümmel aufgekocht und kochendheiß über den Kohl gegossen. Unmittelbar vor dem Auftragen wird der Krautsalat mit den ausgebratenen heißen Speckwürfeln bestreut sowie mit Zwiebelringen und Scheiben des ungeschälten Apfels garniert.

Einige Scheiben Ananas geben dem Weißkohlsalat eine besondere Geschmacksnote. Auf grünen Salatblättern angerichtet, bietet der Krautsalat auch etwas für das Auge. „Kappesschloot“ kann nach dem gleichen Rezept auch mit Rotkohl (2 Stunden durchziehen lassen) gemacht werden. Dann etwas Zucker hinzufügen. Man reicht Krautsalat vornehmlich im Herbst, wenn der „Kappus“ noch frisch ist und ißt dazu Eifeler Bauernbrot.

Sauerkrautsalat

250 g mildes Sauerkraut,
2 Äpfel,
2 Eßl. Öl,
Salz, Pfeffer,
Zucker

Das Sauerkraut mit zwei Gabeln auseinanderpflücken und abtropfen lassen. Die Äpfel reiben und in die Salatsoße geben, die man mit Öl, Salz, Pfeffer und etwas Zucker anmacht.

Auch dieser Salat läßt sich vielfach abwandeln. Mit Weißwein, Apfelmost oder Ananas aus der Dose wird das Sauerkraut saftiger. Wer es mag, kann eine Zwiebel in den fertigen Salat reiben.

Feldsalat

150 g Feldsalat,
Essig, Öl,
Salz, Pfeffer,
2 gekochte Kartoffeln,
rote Beete

Feldsalat sorgfältig verlesen, waschen und abtropfen lassen. Aus Essig, Öl, Salz und Pfeffer eine Marinade herstellen und darin zwei dicke gekochte Kartoffeln reiben. Einige Scheiben rote Beete sehr klein schneiden und hinzufügen. Die Marinade gut verrühren und den Feldsalat unterheben.

Als man den Salat ausschließlich aus dem eigenen Garten nahm, wurde dieser nach Jahreszeiten benannt. Der Wildkräuter- und grüne Salat galt als Frühlingssalat, der Gurkensalat als Sommersalat, der Krautsalat als Herbstsalat und der Feldsalat als Wintersalat. Da Salat inzwischen vielfach aus Treibhäusern kommt, kann man heute – fast – jeden Salat zu jeder Jahreszeit nutzen.

Ein eigner Herd ist Goldes wert!
Das wird so leicht gesprochen;
doch nicht der Herd, die Frau ist's wert,
die gut darauf kann kochen.

Der Dorfladen gleich um die Ecke

Wenn wir uns heute mit überquellendem Einkaufswagen selbstbedienend durch den Supermarkt quälen, kommt uns der kleine Dorfladen der Vergangenheit wie eine liebliche Idylle vor. Dort waren zwar längst nicht alle Lebensmittel, die wir heute für lebensnotwendig halten, vorrätig, aber es gab etwas, was man nicht kaufen kann: Geruhsamkeit, Überschaubarkeit, Anteilnahme, individuelle Beratung und Gespräche, die sich nicht nur auf „Geschäftliches“ beschränkten.

Wie sahen vor dem Zweiten Weltkrieg die Geschäfte aus, die sich Kolonialwaren-, Lebensmittel-, Kram- oder Gemischtwarenladen nannten? Nur noch die ältere Generation erinnert sich an die scheppernde Türglocke, die ertönte, wenn man den kleinen Verkaufsraum betrat. Eine buntgemischte Duftpalette von Petroleum, Kandiszucker, Pfefferminztee und vieles mehr schlug einem entgegen. In zahlreichen Schubladen und Fächern, Gläsern und Dosen waren die Waren meist lose verstaut. Auch wenn man das Gefühl hatte, daß die „Ladentanten“ unmöglich in dem Tohuwabohu etwas finden konnten, so brachten diese doch stets blitzschnell das Gewünschte mit einem zielsicheren Griff zum Vorschein. In spitzen Papiertüten wurde die gewünschte Menge abgewogen. In mitgebrachten Fläschchen wurde Flüssiges abgefüllt. Verpackungsmaterial war weitgehend unbekannt.

Gekauft wurde im Vergleich zu heute nur äußerst wenig, denn das meiste hatte man ja als Selbstversorger zu Hause: Gemüse und Kartoffeln, Milch und Butter, Fleisch und Eier. Was es um 1910 in Bitburg in einem „Pudigen“ (von Boutique) zu kaufen gab, ist wie folgt überliefert: „Petrolejum, Heringen, Salts, Määl, Tsuker, Hoonisch, Kees un so wäkder. Un alles, waad et fier tse raache (rauchen) guf.“ Zu dem Angebot gehörten weiter: Grieß und Graupen, Kaffee und Kakao, Essig und Öl, Garn und Sicherheitsnadeln, Kernseife und Schuhcreme und nicht zu vergessen die Bonbons in den großen Gläsern. Auch manch anderer „Kram“ für Haus und Hof war im Kramladen erhältlich. In einer kleinen Einkaufstasche oder in der hochgebundenen Schürze bekam man das Eingekaufte verstaut.

Ein Sonderangebot von „Tante Emma“ war es, daß man auch schon mal nach Ladenschluß „hintenrum“ etwas bekommen konnte. Oftmals waren es die verschämten Armen des Dorfes, die abends heimlich in den Laden kamen, ein Ei oder etwas Gemüse in der Schürze trugen und dieses gegen ein zu Hause dringend benötigtes Lebensmittel einzutauschen versuchten.

Ein internes Angebot der kleinen Lebensmittelgeschäfte war die Möglichkeit, auf Pump zu kaufen. Das Anschreibebuch lag immer bereit. Bis zur nächsten Lohnzahlung oder bis zur Ernte wurde gestundet. Wurden die Schulden bezahlt, wurde ein Strich durch die Zahlenreihe gemacht und die Angelegenheit war erledigt. Schwer fiel es in der Dorfgemeinschaft, einem Kunden sagen zu müssen, daß die Kreditgrenze erreicht sei. Aber auch den einkaufenden Frauen war es peinlich, wenn sie um Stundung ihrer Schulden bitten mußten. Um Mahnungen aus dem Wege zu gehen, wurden die Kinder zum Einkaufen geschickt. „Mama kommt morgen bezahlen“, hieß es dann.

Überhaupt war es in der Regel Sache der Kinder, zum Dorfladen zu laufen. Waren die Hausfrauen mitten in einer Haus-, Garten- oder Feldarbeit (und das waren sie praktisch immer), so fanden sie kaum Zeit zum Einkaufen, obwohl sie durchaus in der Arbeitsschürze mal eben zum Lädchen um die Ecke rüberlaufen konnten und nicht erst groß Toilette machen mußten. Die Kinder bekamen einen Zettel in die Hand gedrückt und wurden losgeschickt. Da im Laden meist ein Bonbon als Kundendienst überreicht wurde, erfüllten die Kinder gerne die kleine Pflicht des Einkaufens. Die Männer verliefen sich nur in den Dorfladen, um ihre Rauchutensilien zu erstehen.

Brauchte man indes nicht nur einen Haushaltsgegenstand, sondern auch einen guten Rat, dann gingen die Frauen selbst zum Laden. Eine gute „Tante Emma“ hatte für alle Nöte und Kümmernisse ihrer Kunden ein offenes Ohr, hielt manchen Rat parat und leistete Hilfe, wenn Not am Mann war. Sie mußte warmherzig und doch geschäftstüchtig sein, gesprächsbereit und doch verschwiegen. Es lag an der Autorität der Ladenbesitzerin, ob ihr Geschäft ein wohltuender Frauentreff war oder eine brodelnde Gerüchteküche. Vorsorglich wurden Kinder von ihren Müttern ermahnt, beim Einkaufen sich nicht ausfragen zu lassen und nichts Familieninternes zu erzählen.

Wenn man alte Aufstellungen der Gewerbetreibenden betrachtet, so fällt auf, daß viele Kolonialwarenhandlungen unter dem Namen der Männer eingetragen sind. Geführt wurden die Läden jedoch meist von den Frauen, die hier eine der wenigen Möglichkeiten hatten, eigenes Geld zu verdienen. Jedes kleinste Dorf hatte mindestens einen Laden. Schon Eifelorte mit knapp 300 Einwohnern besaßen vor rund 50 Jahren zwei Kolonialwarenläden. Das stete Ansteigen der Konsumgüterzahl und die preisgünstigen Billigwaren von Riesenmärkten lösten dann in unserer Zeit das Ladensterben auf dem Lande aus.

In den meisten Eifeldörfern fehlen heute Einkaufsmöglichkeiten. Nur in Industriezentren größerer Orte oder irgendwo auf der grünen Wiese, losgelöst vom Dorf, existieren Einkaufszentren, die nur mit dem Auto zu erreichen sind. Kein Wunder, daß die Eifeldörfer wie ausgestorben wirken.

Quellenangaben:

Der Hinkende Bote für den Kreis Schleiden, Prüm 1936

Ludwig Berekoven: Geschichte des deutschen Einzelhandels, Frankfurt am Main 1988

Das rheinische Platt. Eine Bestandsaufnahme, Köln 1989

Sophie Lange: „Mama kommt morgen bezahlen“, in: Kölnische Rundschau, Eifelland 20.7.1991

Nachtisch: Kompott und Pudding

„Nun auch pflückt man vom Baum das reif gewordene Obst und/ Fügt's dem genossenen Mahl hinzu als üblichen Nachtisch", heißt es bei dem Prümer Mönch Wandalbert vom Monat August. So war man sich also schon um 850 einig, daß nach Tisch ein Nachtisch der krönende Abschluß eines Mahls war. In den Familien der Eifel wurde die Frage des Nachtischs unterschiedlich gehandhabt. So verteilte manche Hausfrau zwar noch einen „Nachschlag" des Hauptgerichtes, aber ein Nachtisch fiel fort, zumindest an den Wochentagen. Andere Frauen sahen es als Ehre an, täglich einen Nachtisch anzubieten. Wochentags war dies meist ein Kompott aus frischem, getrocknetem oder eingemachtem Obst (Mirabellen, Birnen, Stachelbeeren...), sonntags wurde ein leckerer Pudding kredenzt.

Beeren- und Obstspeisen

Welches Obst um die Jahrhundertwende zur Verfügung stand, sagt ein Bericht über Erziehung Eifeler Kinder (Wildenburg): „Obst stand uns Kindern wenig zur Verfügung, da die Nachtfröste meistens die Blüte vernichteten. Aber die Wildfrüchte gediehen ziemlich gut. Im Sommer ernteten wir Wald-, Preißel- und wilde Erdbeeren. Ebenso waren Himbeeren und Brombeeren sehr beliebt. Sobald im Winter starker Frost einsetzte, kletterten wir Jungen in die Weißdornbüsche, zerkratzten uns die Hände und aßen mit Wohlbehagen die schwarzblauen Schlehen." Die Schlehen wurden auch in der Bratpfanne gesotten und geschmort. In den 1960er Jahren erinnerte sich ein Eifeler: „Begierig schauten wir, wie in der Pfanne die Schlehen bruzzelten, barsten und sich bräunten. Und das war uns damals ein schier köstliches Mahl aus der heimatlichen Erde."

Rote Grütze mit Vanillesoße

250 g rote Johannisbeeren,
50 g Himbeeren,
55 g Sago,
35 g Vanillepuddingpulver,
2 Eier, Salz,
150 g Zucker,
1 Päckchen Vanillezucker,
1 Päckchen Vanillesoße
1/4 l Milch

Das vorbereitete Obst aufkochen, mit Wasser (oder Obstsaft) auf knapp einen Liter (900 ml) auffüllen und den Sago einstreuen. Unter ständigem Rühren bis kurz vors Kochen bringen. Das Vanillepuddingpulver mit Eigelb und etwas Wasser anrühren und in die Obst-Sago-Grütze einrühren. Alles zusammen nun unter Rühren solange kochen lassen, bis der Sago glasig ist, dabei eine Prise Salz, den Zucker und Vanillezucker einrühren. Das Eiweiß mit Zucker zu Eischnee steifschlagen und zum Schluß unterrühren. Für die Soße das Vanillesoßenpulver mit etwas Milch anrühren, in die kochende Milch einrühren und zuckern nach Geschmack.

Die Johannisbeere reift zur Zeit des Johannestags und damit zur Sommersonnwende. Im Volksmund hat sie unterschiedliche Namen: Jansdruvve (…trauben) oder Janskiesche (…kirschen). In der Nordeifel sagt man Knüeschele, in der Südeifel Krischele und unterscheidet zwischen roten, schwarzen und grünen (dicken) Knüeschele/Krischele (Stachelbeeren).

Stachelbeerkompott

500 g Stachelbeeren,
150 g Zucker,
1/8 l Wasser

Die Stachelbeeren von Stielen und Blüten befreien, waschen und abtropfen lassen. Den Zucker in einer Messingpfanne erhitzen, „läutern“, die Beeren hineinlegen und mit dem Wasser angießen. Die Stachelbeeren so lange kochen, bis sie einen glänzenden Saft haben.

Stachelbeeren wachsen im rauhen Eifelklima vorzüglich, wenn sie auch nicht immer sehr dick werden. Bei einer reichen Ernte wurden unter großen Arbeitsaufwand Berge von Stachelbeeren in Gläsern eingekocht und im Winter als Kompott oder Kuchenbelag verbraucht.

Erdbeerschnee

250 g Erdbeeren,
Zucker,
1 Vanillezucker,
1 Zitrone,
1 Eßl. Weinbrand,
3 Blatt weiße Gelatine,
1 Eiweiß,
1/8 l Sahne

Die Erdbeeren waschen, putzen und pürieren (gefrorene Erdbeeren bei mittlerer Hitze auftauen und stampfen); mit Zucker nach Geschmack, Vanillezucker, Zitronensaft und dem Weinbrand abschmecken. Die eingeweichte Gelatine auflösen und unter das Erdbeerpüree ziehen. Sowie es zu stocken beginnt, das steifgeschlagene Eiweiß und 2/3 der Sahne unterziehen. In ein großes Glas füllen, mit der restlichen Sahne garnieren, mit Erdbeeren belegen und gekühlt servieren.

Erdbeerschnee ist ein beliebter Nachtisch am Weihnachtsfeiertag. Das war auch so in einer Eifeler Familie. In einem Jahr nun war die Erdbeerernte im Aachener Raum sehr gut ausgefallen und die lieben Verwandten kamen zum Besuch in die Eifel (die für uns in die Eifel gezogen sind) und brachten einen großen Eimer voll Erdbeeren mit. Ein Teil der leckeren Früchte wurde zu Marmelade verarbeitet, der größere Teil kam portioniert in die Gefriertruhe. Nun kam die Nachspeise an manchem Sonntag auf den Tisch. Die Enttäuschung kam jedoch zu Weihnachten. Wurde der Erdbeerschnee bisher „alle Jahre wieder" freudig begrüßt, so wurde er jetzt kaum beachtet. Und die Moral von der Geschicht': Etwas Einmaliges muß einmalig bleiben, damit es begeistert.

Brombeeren mit Schwarzbrot-Stipp

500 g Quark,
etwas Milch,
Honig,
Schwarzbrot,
500 g Brombeeren,
Zucker

Den Quark mit etwas Milch dickflüssig anrühren und mit Honig süßen. Schwarzbrot in kleine Würfel schneiden und unter den Quark ziehen. Die vorbereiteten Brombeeren zuckern und zu der Schwarzbrotstippe reichen oder beides miteinander vermischen.

Einst waren die Hecken der „Kratzbeeren" natürliche Schutzwälle der menschlichen Siedlungen, der heiligen Haine und der Hags der weisen Frauen. Krochen Frauen durch Brombeerhecken, so erflehten sie mit diesem Ritual von den Göttern Fruchtbarkeit und Kindersegen. Wollten Kinder nicht mit dem Gehen beginnen, so ließ man sie ebenfalls durch einen Brombeerstrauch kriechen. Beeren, Blätter und Wurzeln des Brombeerstrauchs waren und sind als vielseitiges Heilmittel bekannt.

Errötendes Mädchen

250 g Beerenobst,
2 Blatt rote Gelatine,
2 Eier,
2 Eßl. Zucker,
1 Zitrone,
1 Eßl. Rum,
1/4 l Sahne

Das Beerenobst, je nach Jahreszeit, verlesen, waschen und abtropfen lassen. Gelatine in kaltem Wasser einweichen und im Wasserbad auflösen. Eigelb und Zucker schaumig schlagen und den Saft der Zitrone, den Rum sowie die aufgelöste Gelatine unter Rühren dazu geben und mehrmals umrühren. Sobald die Speise zu gelieren beginnt, das geschlagene Eiweiß und die Sahne unterheben. Mit den Beeren in hohe Gläser lagenweise einschichten. Mit einem Sahnetupfer verzieren.

Auch unter der Bezeichnung „Samt und Seide" ist der leckere Nachtisch bekannt. Gelatine gehört zu den Geliermitteln und ist von ihnen das bekannteste und in der Küche bewährteste. Alle Hausfrauen hatten und haben Gelatine stets vorrätig.

Heidelbeeren mit Bier

500 g Heidelbeeren, Zucker, Brotreste, Zitronenscheiben, Bier

Das alte Rezept lautet: Man verlese die Bickbeeren (Heidelbeeren) recht gut, lege sie in eine Terine, mache Zucker, gerieben Rockenbrodt, Citronenscheiben und weis Bier darauf. Dies läßt man zusammen eine halbe Stunde stehen, dann ist es gut.

Unter der Bezeichnung „Tuttifrutti" ist ein neueres Rezept bekannt. Anstelle des Brotes nimmt man klein gebröckeltes Gebäck und schichtet dieses mit unterschiedlichen Beeren und Zucker in eine Glasschüssel. Man läßt die Nachspeise eine Stunde ziehen und füllt mit Vanillepudding auf. Beliebt waren in der Eifel auch gezuckerte Waldbeeren, die mit Viez übergossen wurden. Dazu reichte man eine Vanillesoße.

Holunderbeerschale

500 g Holunderbeeren, 1/2 l Wasser, Zimt, 1/2 Zitrone, 125 g Zucker, Salz, 2 Birnen, 30 g Stärkemehl, Weißwein, Sahne

Die Holunderbeeren waschen und vom Stiel streifen. Wasser zum Kochen bringen, Beeren hineingeben und 15 Minuten kochen, dann durch ein Sieb passieren und Zimt, Zitronenschale, Zucker sowie eine Prise Salz einrühren und aufkochen lassen. Birnen schälen, in dünne Scheiben schneiden und in die Speise geben. Stärkemehl mit Wein verrühren, die Speise damit binden und mit Zimt und Zitrone abschmecken. Die Holunderbeerspeise in Schalen verteilen und kalt stellen. Vor dem Serieren einen Löffel geschlagene Sahne auf jede Portion geben.

In einem alten Eifeler Rezept fanden Schülerinnen die Anweisung „Holunderbeeren durchseihen". Ob sie nun mit dem alten Wort seihen für sieben nichts anfangen konnten oder ob sie das Wort nicht richtig lesen konnten, auf jeden Fall schrieben sie in der Abschrift „Holunderbeeren durchschneiden!" Eine Horrorvorstellung!

Waldbeeren mit heißer Weincreme

500 g Waldbeeren,
100 g Zucker,
2 Eßl. Himbeergeist,
6 Eigelb,
200 g Zucker,
2 Eßl. Zitronensaft,
1/4 l trockener Weißwein

Die Waldbeeren (Worbele) verlesen und waschen. Einige für die Garnierung beiseite legen. Die restlichen Beeren mit dem Zucker bestreuen und mit dem Himbeergeist beträufeln. In den Kühlschrank stellen. Die Eigelb mit dem Zucker schaumig rühren und den Topf im heißen Wasserbad stellen und aufschlagen. Eßlöffelweise den Zitronensaft und den Weißwein hinzufügen. Solange weiter schlagen, bis eine dicke Creme entstanden ist (nicht kochen). Die Waldbeeren auf Dessertteller verteilen und die warme Creme darüber geben. Mit den beiseite gelegten Waldbeeren garnieren.

Im Tal der Kyll erzählt man sich folgende Sage: Einst spazierte ein Zwerg mit Scharlackrock und Federhut, Reitstiefeln und Silberschwert an den Ufern der Kyll einher. Ein junges

Mädchen, welches im Walde Beeren suchen wollte, begegnete ihm. Unmutig über die Störung sprach der geputzte Wicht: „Suche heute und morgen an diesem Platz keine Beeren, ich muß dann hier jagen, im Wald auf Hasen und in den Wassern auf Forellen. Folgst du mir, so lehre ich dich eine schöne Kunst; wenn nicht, so mache ich dich krank. Komme übermorgen am Abend hierhin, dann stehe ich am Amboß und lehre dich, wie man aus Draht Gold, aus Wolle und Seide liebliches Geschmeide macht." Das Mädchen folgte und lernte die lange im Eifelland geübte Kunst, Gold- und Silberfäden zu wirken.

Rhabarber mit Vanillepudding

500 g Rhabarber,
125 g Zucker,
1 Päckchen Vanillezucker,
Zitronenschale,
1 Päckchen Vanillepudding,
Zucker,
1/2 l Milch

Den Rhabarber putzen, gründlich waschen, in Stücke schneiden und einzuckern. Sobald er Saft gezogen hat, wird er mit dem Vanillezucker und einem Stück Zitronenschale auf kleiner Flamme zu Kompott gekocht und noch heiß in eine Puddingschüssel gefüllt. Den Pudding kochen, über den Rhabarber geben und warm servieren.

1901 wurde den Hausfrauen folgender Ratschlag gegeben: Als Kompot zubereitet ist der Rhabarber wohl den meisten Hausfrauen bekannt und von vielen mit Recht geschätzt. Wenig bekannt dürfte aber wohl sein, daß das Rhabarberkompot geeignet ist, bei den Gerichten, wo wir Essig verwenden, diesen zu ersetzen. Mit Linsen und grünen Bohnen vermischt, erzielt man ein herrliches Gericht, wobei, was besonders wichtig ist, der Essig vollständig entbehrlich wird.

Feenkönigin

1 Glas Sauerkirschen,
1/2 Flasche Wein
8 Blatt weiße Gelatine,
1 l Sahne

Die entsteinten Sauerkirschen in dem Wein ziehen lassen. Die Gelatine auflösen. Die Sahne sehr steif schlagen. Kirschen und aufgelöste Gelatine unter die Sahne heben und mit Zucker abschmekken. Das Rezept ergibt 2 bis 3 Schüsseln.

Daß „ein guter Kompuß aus sauren Kirschen" auch zu Fisch gereicht wurde, sagt folgendes alte Klosterrezept: Nimm saure Kirschen, thue die Stiele davon und koche sie in ihrem eigenen Sode; wenn sie gekocht sind, so treib sie durch ein Sieb oder Tuch, laß sie kalt werden, thue Honig daran und Stoßgalgen, würze sie damit und mit Nelken, darnach thue sie in einen gläsernen Topf, wenn du sie aufgiebst, beschütte sie mit Ingwer. Also magst du den Kompuß zu Fischen und Gebackenem geben.

Dreifruchtkompott

750 g Obst:
Birnen, Pflaumen, Äpfel,
Zucker

Das vorbereitete Obst (Birnen, Pflaumen, Äpfel oder andere Zusammenstellungen) in kleine Stücke schneiden und mit wenig Wasser bei niedriger Stufe in 10 bis 15 Minuten garen. Zucker nach Geschmack einrühren.

Einen Pfennig zur Seite jeden Tag
spart Dir im Alter manche Plag!

Zwetschenkompott

500 g Zwetschen,
Wein oder Wasser,
Zucker, Zimt

Das alte Rezept lautet: Die Zwetschen übergießt man mit heißem Wasser, häutet und entkernt sie und kocht sie eine Viertelstunde in Wein oder Wasser mit Zucker und Zimmt. Dann läßt man die Zwetschen ablaufen, kocht den Saft noch etwas mit Zucker ein und gießt ihn über die Zwetschen.

Zwetschen, Zwetschgen, Kwätschen, Tswätschen – ein schwierig zu schreibendes Wort. Das fand ein alter Feldhüter in der Eifel. Er hatte einen jungen Mann beim Obstdiebstahl ertappt und erstattete schriftlich Anzeige wegen Birnendiebstahls. Der Ertappte wehrte sich: Er sei nicht an den Birnen gewesen. Kleinlaut mußte der Feldhüter eingestehen: Nein, es waren keine Birnen, sondern „Quätschen". Er hatte jedoch Birnen geschrieben, denn „weeß der Düwel, wie mr „Quätsche" schriev (weiß der Teufel, wie man „Quätschen" schreibt)".

Eifeler Äpfel

8 säuerliche Äpfel,
Zucker, Rum,
3 Eßl. Mehl,
1 Eßl. Öl,
1 Eßl. Wein,
Salz

Die Äpfel schälen, das Kerngehäuse entfernen und in runde Scheiben schneiden. Eingezuckert und mit etwas Rum beträufelt einige Stunden zugedeckt stehen lassen. Aus dem Mehl, Öl, Wein und einer Prise Salz einen Teig bereiten, „er wird wie dicke Sahne". Die Apfelscheiben in den Teig tunken und in heißem Fett goldgelb backen. Anschließend in grobem oder feinem Zucker wenden und heiß servieren.

In St. Vith kamen Holzäpfel zum Nachreifen in die Mutsch: „Die Mutsch war eine kleine Höhle im großen Heuhaufen der Bauernscheune, die die Jungen durch Ausraufen von Heu aus dem festzusammengepreßten Haufen mühsam und an versteckter Stelle herstellten. In diese warme duftige Höhle brachten sie dann im Herbst die vielen Holzäpfel, die damals noch reichlich in der rauhen, an Edelobst armen Heimat, wild wuchsen, und verstopften die kleine Höhlung wieder mit Heu. In dem warmen Lager aber wurden die Holzäpfel nach einiger Zeit des Lagerns hübsch weich, „mou", so daß sie einigermaßen genießbar waren."

Apfel-Dessert

4 Äpfel,
1 Zitrone,
1 Päckchen Vanillezucker,
3 Eßl. Zucker,
3 Blatt Gelatine,
3 Eier, Sherry,
rotes Gelee

Äpfel schälen und Kerngehäuse ausstechen und in 1 Tasse Wasser, Saft von einer Zitrone sowie mit dem Vanillezukker und 2 Eßl. Zucker weichdünsten. Gelatine auflösen, in die Kochflüssigkeit geben und abkühlen lassen. Eigelb, mit 1 Eßl. Zucker verschlagen, zu der Masse geben und mit Sherry abschmecken. Zum Schluß das geschlagene Eiweiß unterheben. Die Äpfel auf Glasteller setzen, in die Aushöhlung etwas Gelee geben und die Soße darüber gießen.

In der Gegend um Bitburg ließ der Eifeler den letzten Apfel am Baum hängen. „Dat as für die well Frau", sagte er. Auch anderswo war es tradierter Brauch, an jedem Baum eine Frucht hängen zu lassen, für die Geister und Naturgötter dieses Platzes.

Bratäpfel

4 Äpfel,
Rosinen, Zucker,
Holundergelee,
Butter,
Apfelsaft

Äpfel waschen, das Gehäuse herausstechen und mit Rosinen, Holundergelee (oder Erdbeermarmelade) füllen, Butterflöckchen aufsetzen und in den Backofen bei 200° etwa 20 Minuten backen. Mehrmals mit etwas Apfelsaft übergießen.

Bratäpfel! Das ist ein Traumbild von Winter- und Weihnachtszeit, von Wärme und Behaglichkeit. 1925 wurde dieses heimelige Gefühl wie folgt beschrieben: „In dem eisernen Stubenofen, der seit urdenklichen Zeiten im gleichen Winkel stand, war hitziges und prasselndes Feuer. Herrlich und verwegen tanzten die Wacholderbeeren auf der glühenden Platte, ihr Duft vermischte sich mit dem kräftigen Geruch bratender Äpfel. Unaufhörlich knallten die trockenen Buchenscheite, heimelige Wärme drang in alle Ecken."

Puddings und Cremes

Das Wort Pudding wurde Ende des 17. Jahrhunderts aus dem Englischen entlehnt und geht auf das französische Wort boudin (Wurst) zurück, kein Wunder, daß das „P" des Puddings mancherorts weich wie beim französischen Wort ausgesprochen wird. Ursprünglich bezeichnete das Wort Pudding eine im Wasserbad gekochte Mehlspeise, die nicht unbedingt eine Süßspeise sein mußte.

Der Sonntagspudding wurde in den Eifeler Küchen mit viel Liebe hergestellt. In großen Mengen wurden die Puddings oder Cremes bei Familienfesten und zur Kirmes serviert. Einfache Puddings wie Brot- oder Kartoffelpudding dienten manchmal als Hauptmahlzeit, sowohl mittags als auch abends.

Brotpudding

50 g Butter,
3 Eier,
75 g Zucker,
10 Scheiben Brot,
300 ml Milch,
Zimt, Ingwer,
100 g Rosinen,
3 Äpfel,
2 Eßl. Paniermehl

Die weiche Butter in eine Schüssel geben und mit einem Schneebesen schaumig schlagen. Eier und Zucker hinzufügen und nochmals schaumig schlagen. Dazu das mit Milch gemischte und mit Zimt und Ingwer gewürzte, gebröselte Brot geben. Rosinen sowie die in dünne Scheiben geschnittenen Äpfel ebenfalls in die Masse geben und gut verrühren. Puddingform einfetten und mit Paniermehl bestreuen. Brotgemisch in die Form geben und mit einem Deckel schließen. Schüssel in ein Wasserbad geben und 90 Minuten kochen. Pudding auf eine Schale stürzen und warm servieren.

Uns schreckt heute die lange Kochzeit bei Puddings, die im Wasserbad gegart werden. Aber auch unsere Großeltern machten sich Gedanken, wie man Koch- und Backzeiten einsparen konnte. So konstruierte man eine einfache Holzkiste aus starken Brettern ohne Ritzen und füllte diese mit Holzwolle oder Heu. Kurz vorgekochte Speisen konnten darin – im Kochtopf gut verschlossen – einige Stunden nachwärmen. Vor dem Servieren wurden sie dann nochmals gut durchgekocht. Eine einstige Pfarrköchin hatte eine andere „Kochkiste" entdeckt: das Bett. Natürlich nahm sie für den gut geschlossenen und in Zeitungspapier eingewickelten Kochtopf das Bett mit den wärmsten Decken und dem dicksten Federbett, das Bett des Pfarrers.

Kartoffelpudding

500 g Kartoffeln,
100 g Butter,
150 g Zucker,
6 Eier, Salz,
40 g Weizengrieß,
40 g gemahlene Mandeln,
1 Eßl. Rum oder Arrak,
3 Eßl. Zitronensaft

Die Kartoffeln am Tag vorher in der Schale kochen, pellen und am nächsten Tag möglichst fein reiben. Die Butter mit dem Zucker schaumig rühren und die Eigelb mit einer Prise Salz hinzugeben. Sobald die Masse dickschaumig ist, die Kartoffeln, den Grieß, die Mandeln und den Rum einrühren. Das Eiweiß mit dem Zitronensaft schnittfest schlagen und unter den Teig heben. In einer geschlossenen Puddingform im Wasserbad garen, stürzen und warm servieren.

Die Garzeit im Wasserbad ist sehr unterschiedlich mit 50 Minuten bis zu 2 1/2 Stunden angegeben. Im Trierischen Kochbuch heißt es: „Man lasse den Pudding nicht ganz eine Stunde backen oder zwei Stunden kochen und reiche eine Schaum-, Rum- oder Fruchsauce dazu.“ Sehr gut schmecken zum Brotpudding Beeren oder eingemachtes Obst. Einen ähnlichen Pudding stellte man mit Nudeln (150 g) her. Eine Stunde lang muß dieser Fadennudelnpudding im Wasserbad garen.

Milchreis

200 g Milchreis,
1 l Milch,
10 g Butter,
30 g Zucker,
Zitronenschale,
Vanillezucker,
Butter, Zimt

Den Milchreis in lauwarmem Wasser waschen und abtropfen lassen. Milch, Butter, Zucker, eine Prise Salz und Zitronenschale zum Kochen bringen, den Reis einlaufen lassen, kurz aufkochen und bei schwacher Hitze knapp 60 Minuten köcheln oder in der Kochkiste ausquellen lassen. Vor dem Anrichten den Vanillezucker unterrühren. Braune Butter über den Milchreis geben und mit einem Zucker-Zimt-Gemisch bestreuen.

Am Freitag gab es den Milchbrei sehr stark gesüßt auch als Hauptgericht. Dann reichte man dazu eingemachtes Kompott oder weichgedünstete Dörrpflaumen. Nicht nur in der Eifel und im ganzen Rheinland ist der Milchreis eine „kulinarische Köstlichkeit“, sondern anscheinend auch im fernen Rom. Waren die Glocken in den Kartagen verstummt, so erzählte man den Kindern, daß die Glocken nach Rom zum Reisbreiessen geflogen seien – und bereitwillig löffelten die Kinder dann ihren Milchreis.
Den Reisbrei gab es in Eifeldörfern traditionsgemäß auch beim Abschluß der Kartoffelernte und wurde „Kartoffelbrei“ genannt.

Grießpudding

1/2 l Milch,
Salz,
1 Päckchen Vanillezucker,
50 g Zucker,
100 g Grieß,
Butter

Die Milch läßt man mit einer Prise Salz, dem Vanillezucker und dem Zucker aufkochen, dann läßt man unter ständigem Rühren den Grieß einlaufen, gibt zuletzt ein Stück Butter bei und kocht nochmals kurz auf.

Den Grießpudding gab es in Bauernfamilien oftmals täglich, wobei man jedoch für Abwandlung sorgte. Kinder lieben den Grieß mit Himbeersaft. Eine Delikatesse ist ein pürierter Obstsalat aus Beeren, den man zu dem Grieß serviert. Mit angerührtem Kakao wird er zu Schokoladengrieß. Übriggebliebener Grießpudding wird in Scheiben geschnitten, paniert und in Fett ausgebraten.

Schokoladencreme

1/2 l Milch,
2 Eier,
1 Päckchen Vanillepudding,
50 g Zucker,
1 Fläschchen Rumgeschmack,
75 g bittere Schokolade

Aus der Milch und dem mit Eigelb angerührten Puddingpulver sowie dem Zucker einen Pudding kochen und unter Umrühren abkühlen lassen. Den Rum und die geraspelte Schokolade unterrühren und den Pudding einige Stunden kühlstellen. Vor dem Servieren den Eischnee unterheben.

Dieser Schokoladenpudding ist nicht unbedingt etwas für die Kinder, sondern wohl eher für die Herren des Hauses, was zumindest sein zweiter Name „Herrencreme" aussagt.

Viezpudding

1/2 l Viez,
200 g Zucker,
2 Eßl. Stärkemehl,
Zitrone,
1/4 l Sahne,
1 Päckchen Vanillezucker

Den Viez (oder anderen Apfelwein) mit dem Zucker zum Kochen bringen und das mit Wasser angerührte Stärkemehl hineinrühren und aufkochen lassen. Abkühlen lassen. Dann mit Zitrone abschmecken und zum Schluß die steif geschlagene mit Vanillezucker gesüßte Sahne unterheben. Mit Gebäck servieren.

Viezpudding und Weincreme (herber Weißwein) gab es vorwiegend zur Kirmes. Dann sparte man nicht mit Eiern und Zucker. 3/4 Pfund Zucker und 6 Eier gab man zu einem Pudding von 1/2 l Weißwein.

Apfelsinencreme mit Weinschaumsoße

1/2 l Viez,
1/2 l Wasser,
4 Apfelsinen,
6 Eier,
300 g Zucker,
120 g Stärkemehl,
1 Zitrone

Für die Soße:
1/4 l Wasser,
1/4 l Wein,
2 Eßl. Zucker,
(oder Rosinensirup),
1 Zimtstange,
Zitronenscheibe,
4 Eier,
1 Teel. Kartoffelmehl

Der Viez wird mit dem Wasser und dem Saft von 4 Apfelsinen unter Hinzugabe des Zuckers zum Kochen gebracht. Das Stärkemehl wird mit den Eigelb angerührt und zu der Kochflüssigkeit gerührt und kurz gekocht. Etwas Zitronen- und Apfelsinenschale unterrühren und den Eischnee unterziehen.
Die Herstellung der Weinsauce ist im Trierischen Kochbuch folgendermaßen beschrieben: Man setzt 1/4 Liter Wasser und 1/4 (1/2) Liter Wein auf's Feuer, thut Zucker und ganzen Zimmt hinein nebst einer Citronenscheibe und läßt dies kochen. Unterdessen verkleppert man vier Eigelb, rührt ein Theelöffelchen voll Kartoffelmehl dazu, verrührt dies mit dem Gekochten und läßt es wieder ein paar Wallen thun, bis man sieht, daß die Sauce ihre gehörige Steifheit hat.

Bei diesem Rezept kann der Apfelsinensaft durch Zitronensaft ausgetauscht werden. Südfrüchte wie Apfelsinen und Zitronen hatten noch vor Jahrzehnten Seltenheitswert. Doch zu großen Festen leistete man sich solche Besonderheiten.

Das richtig aufgefaßte Kochen ist eine Wissenschaft und eine Kunst.

Benutzte Literatur (Auszug)

Johann Gottfried Essich: Auswahl der beßten und außerlesensten diätetischen Mittel, zur Vorbeugung oder Kur der Krankheiten, Leipzig 1987, Erstausgabe 1784

Dreihundertjähriges deutsches Kloster-Kochbuch, Leipzig 1990, Erstausgabe 1856

Trierisches Kochbuch, Trier 1981, Erstausgabe 1857

Das häusliche Glück, München 1975, Erstausgabe 1882

Wegweiser zum häuslichen Glück, M. Gladbach 1920, Erstausgabe 1888

Sebastian Kneipp: Allerhand Nützliches für Wasser-Kur und Lebensweise, Kempten 1898

Praktischer Wegweiser für jede Familie in Stadt und Land, Jahrgang 1901, Würzburg 1901

Adam Wrede: Eifeler Volkskunst, Frankfurt am Main 1983, Erstausgabe 1924

Dr. Oetker's Schul-Kochbuch, Bielefeld 1937

Rotraud Degner: Das Kochbuch fürs Leben, Stuttgart 1957

Elizabeth Schuler: Mein Kochbuch, Stuttgart 1957

Dr. Irene Berger: Alles für ihn!, Salzburg 1961

Eduard A. Brecht: Kochbuch für schlemmerhafte Anti-Krankheitskost, Karlsruhe 1976

Grubert: Nicht verzagen, Oma fragen, Düsseldorf 1977

Unvergessene Küche, Die schönsten Rezepte aus den deutschen Landschaften, Hamburg 1979

Barbara Rütting: Mein Kochbuch, München 1979

Trude und Veronika Stein: Das Kochbuch aus der Eifel, Münster 1981

Typisches Eifelgericht, Wettbewerb des Hotel- und Gaststättenverbandes Nordrhein e.V. Euskirchen sowie des Clubs der Köche, 1981

Alte Rezepte aus der Eifel, Landfrauen des Bezirksvereins Schleiden/Kall 1981

Hochwürden i(s)ßt bescheiden, Trier 1985

Geheimrezepte aus der Klosterküche … werden nicht verraten, Trier 1987

Manfred Otto-Paul Maus: Von Himmel und Erde, Frankfurt am Main 1988

Rosel Termolen: Mit dem Kochlöffel durch das Jahr, Augsburg 1989

Joachim Römer, Gérhard Schmidt: Kölsch Kaviar un Ähzezupp, Köln 1990

Deutsche Küche, Spezialitäten aus deutschen Regionen, Bielefeld 1990

Großmutters Küche, Liechtenstein 1991

Waltraud Wosch: Rezepte der Jahrhundertwende, Ehlscheid 1992

Lützelsoon Spezialitäten, 1992

Gudrun Gerlach: Essen und Trinken in römischer Zeit, Köln 1992

Massiomo Montanari: Der Hunger und der Überfluss, Kulturgeschichte der Ernährung in Europa, München 1993

Alte und neue Rezepte der Landfrauen Prüm, Prüm 1993

Kartoffeln – einfach köstlich, München 1993

Christoph Wendt: Reisebuch Ardennen, Aachen 1993
Christoph Wendt: Reisebuch Südeifel, Aachen 1994
Preiswerte Fleischgerichte für Alltag und Festtag, Liechtenstein 1994
Kristiane Müller: Kulinarisches Paradies Rheinland, Frankfurt am Main 1994
Marie Buchmeier, Herrschaftsköchin: Großes praktisches Kochbuch, o.O., o.J.
Helene & Otto Kostenzer: Alte Bauernweisheit, o.O., o.J.
Maria Schmitz: Wir kochen praktisch, o.O., o.J.
Kochbuch der Franziskanerinnen von Salzkotten, Salzkotten o.J.
Vereinszeitschrift und Jahrbücher des Eifelvereins, Heimatkalender, Zeitungen u.a.

Kaufmann: Aus Geschichte und Kultur der Eifel, DM 23,—

Konrads: Vergessenes Land - Wiederentdeckte Eifel-Fotos von Joseph Jeiter, DM 48,—

Lang: „Und er hat sein helles Licht bei der Nacht ..." - Eifeler Weihnachtslesebuch, DM 39,80

Klein: Sagen und Legenden von der Ahr bis zur Mosel, DM 39,80

Kreutzer: Schröders Verdacht - Ein Thriller zwischen Rheinland und Sizilien, DM 19,80

Elenz: Schienen, Dampf und Kohlenstaub - Zur Geschichte des Eisenbahnbaus in der Eifel, DM 58,—

Bürger: Henker, Schinder und Ganoven - Unbekannte Kriminalfälle aus der Eifel des 18. Jahrhunderts, DM 39,80

Hansen: Auf den Spuren des Westwalls - Entdeckungen entlang einer fast vergessenen Wehranlage, DM 58,—

Pitzen: Der Fluch der bösen Tat - Aus der Kriminalgeschichte der Eifel, DM 39,80

Otto/Ose: Musikwelt Eifel - 450 Jahre Musik und Kulturgeschichte rund um die Eifel, Buch und CD, DM 38,50

Thoma: Ich möchte Dir was sagen - Menschen und Landschaften der Eifel - Gedankenvolle Texte mit begleitenden Fotos, DM 19,80

Mayer: Verführt, gezwungen und verloren - Der Klöppelkrieg von 1798 in der Eifel, DM 39,80

Bauer: Trierische Schimpfwörter - Ein Wörterbuch für Schwätzer und Dielebradschler, DM 18,50

Dichter: Tausend Jahre überlebt! Erinnerungen aus einer Kindheit und Jugendzeit in der Eifel, DM 39,80

Keiffenheim: Edelhure Nitribitt - Die Rosemarie aus Mendig, DM 28,—

Pracht: Abschied von der Heimat - Die Eifeler Auswanderung nach Amerika im 19. Jahrhundert, DM 48,—

Schiffer: Hart und kalt sind ihre Felder - Geschichte und Volkskunde in der Nordeifel, DM 39,80

Huppertz/Kell: Rur - Impressionen eines Wegbegleiters, DM 39,80

Schmitz: Damals in der Eifel - Wiederentdeckte Eifelfotos von Fredy Lange, DM 48,—

Palm: Do böste platt - (Platt)-Geschichten aus dem Monschauer Land, DM 19,80